爱上学习的25个秘诀

25个秘诀
帮孩子养成
一生的学习
好习惯

〔韩〕郑才英 著

〔韩〕李垠枝 绘

邓星

做孩子的知心朋友
让孩子在快乐中爱上学习

广州新华出版发行集团

广州出版社

著作权合同登记号 图字：19-2023-007

图书在版编目（CIP）数据

爱上学习的25个秘诀 /（韩）郑才英著；（韩）李垠枝绘；邓星辰译. —
广州：广州出版社，2023.7
ISBN 978-7-5462-3594-3

I. ①爱… II. ①郑… ②李… ③邓… III. ①学习方法 —
家庭教育 IV. ① G791 ② G782

中国国家版本馆 CIP 数据核字（2023）第 033319 号

书　　名 爱上学习的25个秘诀
Ai Shang Xuexi De 25 Ge Mijue
责任编辑 卢嘉茜　伍秀娟
责任校对 王俊婕
责任技编 刘雁明
封面设计 南牧文化
出版发行 广州出版社
（地址：广州市天河区天润路87号广建大厦9楼、10楼
邮政编码：510635　网址：www.gzcbs.com.cn）
印刷单位 广东广州日报传媒股份有限公司印务分公司
（地址：广州市白云区增槎路1113号
邮政编码：510435　电话：020-89173478）
规　　格 889毫米×1194毫米　1/32
印　　张 6
字　　数 132千
版　　次 2023年7月第1版
印　　次 2023年7月第1次
书　　号 ISBN 978-7-5462-3594-3
定　　价 49.00元

前言

学习会让人烦恼，我们究竟为什么要学习？有什么方法可以减轻学习的压力吗？我孩子小的时候经常这么问我。跟我学习写作的孩子们也问过同样的问题。事实上，我自己又何尝不是如此呢?虽然现在已经长大成人，但当我还是个孩子的时候，也曾有过同样的疑惑和困扰。

为了回答这些困惑已久的问题，我写下了这本书。

大家知道蜜蜂是通过舞蹈来交流的吗？虽然有些小朋友可能已经知道了，但我还是简单地来说明一下吧。有一只小蜜蜂偶然发现了可以采到美味花蜜的花朵，它想要赶紧回家把这个好消息告诉朋友们，那么它要怎样把花的位置传递出去呢？说出来？画出来？还是在地图上标出来？蜜蜂才不会用这么无趣的办法呢。它们用的是热情的舞蹈——一边摆尾一边往前飞，并不断循环往复。

周围的蜜蜂朋友们看着跳舞的小蜜蜂身体的朝向，以太阳为标准来判断花儿的方向，并且通过舞蹈动作的快慢来判断花儿的距离。

至此，一件神奇的事情发生在大家的身上。那就是大家刚刚学会了蜜蜂的语言。在森林深处的蜂巢中，原本只有蜜蜂之间才懂得的秘密交流方式，现在已经被大家掌握了。

我们是如何掌握蜜蜂的语言的？这要归功于科学家们。有一位来自德国的动物学家——卡尔·冯·弗里希（Karl von Frisch），他通过60年的不断学习，终于破解了蜜蜂的语言。

为什么要学习？正是为了探索这个神秘的世界。研究蜜蜂的科学家被蜜蜂的世界所吸引，在观察蜜蜂的过程中发现了“舞蹈”的秘密。这可爱的舞蹈竟然是蜜蜂之间的专属交流方式，是多么有趣和令人振奋啊！

学习是打开神秘蜜蜂世界的钥匙。比蜜蜂世界更加精彩的世界正等待着大家。学习是探索世界的

必备指南。人们生于何处，如何生活，如何交流，如何用正确的方法进行思考，我们了解这一切的过程就是学习。读书和积累知识将会有助于我们长大后更好地探索世界、进行交流和研究。

为什么即使学习会面临各种困难，很多时候让人感觉枯燥，我们却仍要学习？如何能减少学习的压力？我找到了大家都可以掌握的魔法般的学习方法，把它们放到了这本书中。当然，学习并不是一件简单的事情，我们常常会因学习感到辛苦。但是，当我们知道了学习的理由，就会变得没那么辛苦了，如果再加上高效的方法，学习的压力就会显著减轻。我希望可以通过这本书帮助到大家，也希望大家可以在阅读中感受到乐趣。另外，祝小朋友们不再因学习而感到苦恼。

（编者注：本书原版的部分内容是结合韩国孩子在学习中的实际案例来进行分析的，为了更好地帮助中国孩子了解作者的思路，我们选取了一些适合中国孩子的案例进行了替换。）

·序章·
素律和蔡佑是幼儿园同年毕业升入小学的好朋友。
最近学习好累。
我也是。快去写作业吧。
到了小学三年级，随着学习的内容变多，烦恼也增加了。
啊！
太难了……
哎……
嗯？
~~~
怎么了？
啊……这个青蛙闹钟……
~~~

素律！
蔡佑！
没时间
了……
啊！
蹦起
啊！

这是什
么？！
快上火车！

马上出
发了！
等等我！
衣服变了！

我们到了！
这里就是……

教授学习秘诀的
魔法学校！

素律
（小学三年级）

温柔善良，性格细腻，但有些调皮。喜欢爬行动物。

蔡佑
（小学三年级）

看起来有些顽皮，实则诚实沉稳，喜欢看视频网站。

魔法学校校长

教授学习秘诀的魔法学校校长致力于传播学习的乐趣，经常邀请地球上的朋友来到这个魔法世界。

·目录·

第一章

解开学习背后的秘密

第二章

养成积极学习心态的秘诀

第三章

完善学习习惯的实用方法

第四章

解决学习中实际问题的方法

· 第一章 ·

解开学习背后的秘密

Lesson 01

如何才能避免在学习中受到伤害？

Q. 学习就像是讨人厌的僵尸或者鲨鱼，不停地追赶我、欺负我、伤害我。虽然爸爸妈妈不知道，但我经常受伤。当我没法像朋友们做得一样好的时候，我会觉得自己很傻、很丢脸。当看到爸爸妈妈因为我的学习成绩差而露出失望表情的时候，我总是因为感到抱歉，忍不住流下眼泪。都怪学习，讨厌的学习总是伤害我。我该怎么办呢？

A. 是啊，很多孩子会因为学习而受伤或者感到痛苦，这太让人惋惜了。学习的时候如何才能避免感到悲伤或者痛苦呢？那就需要给我们的心灵穿上坚硬的铠甲。下面我将详细介绍三种方法。

1. 请紧紧拥抱自己

首先，不要为自己感到羞耻。即使考试成绩不理想，也不能认为“我学习不好，是个丢人的孩子”。越是这么想越会伤害到自己；相反，要挺直腰板，充满希望地对自己说：“考试没考好是很可惜，但下次好好考就可以了。”

要成为自己最好的朋友。要自己对自己说最温暖的话。

面对失望的爸爸妈妈，要大胆而坦诚地告诉他们：

“对不起，让你们失望了。但是请不要太伤心，下次我一定会努力让你们满意的。”

像这样鼓起勇气说说看。爸爸妈妈的表情肯定会由阴转晴的。

每个人都很珍贵。闯祸的孩子只要能够反省就不是坏孩子。爸爸妈妈决不会因为分数低就不爱我们了。所以，不要再认为自己很傻、很丢脸了。无论何时都要紧紧地拥抱自己，这样伤过的心很快就会复原。

2. 不与别人比较

不要一边和朋友比较学习能力，一边炫耀。龟兔赛跑中的兔子为什么会输？是因为它很自负地认为自己比别人强。相反，乌龟为什么会赢？如果乌龟拿自己的实力跟兔子进行了比较，可能一开始就不会去接受挑战了。不与别人比较，按照自己的速度坚持前进，乌龟才取得了最终的胜利。

输赢不重要。不要关注别人的快与慢。朋友每次得100分，那也只是朋友自己的事情。我只要按照我自己的速度坚持努力就可以了。

吃饭的时候，我们如果只顾东张西望地看着别人吃，会造成消化不良，饭也没法吃好。学习也是一样的，拿别人和自己进行比较，会让我们非常痛苦和疲惫。不要和别人比较，只关注自己的学习就可以了。这样，心情会变得轻松很多，压力也会减轻。

3. 不要忘记自己的强大

学习很可怕吗？是，学习有时候看起来确实很可怕。但任何东西，无论看起来有多可怕，都有它的弱点。

比如电影里的僵尸和鲨鱼。脏兮兮的僵尸有什么弱点？虽然僵尸在每部电影里都有所不同，但大多数的僵尸都怕光。在明亮的光线照射下，难缠的僵尸也会瘫软倒地。而凶恶的鲨鱼又有什么弱点呢？当遇到鲨鱼张开大嘴扑过来时，我们又应该怎么做呢？鲨鱼研究人员给出的建议是，太过着急，会被鲨鱼咬到，要出其不意、攻其不备地攻击鲨鱼的眼睛或鳃部。只有这样，鲨鱼才会被毫无防备的攻击吓得落荒而逃。

当然，我们几乎不会在日常生活中遇到僵尸或鲨鱼。我想说的是，看起来再大、再吓人的东西，了解之后也是没有什么大不了的，学习也是如此。只要掌握了方法，大家都可以游刃有余地对待学习。

大家没有理由被区区学习的困难打败，不是吗？如果遇到了理解不了的内容，那就反复去学。还是不明白的话，就请教老师和爸爸妈妈。如果这次考试没考好，那就下次好好考。要放下心来，安心地去学习。这样的话，学习就会从一只巨大的怪物变成一只温顺的小羊羔。只有这样，大家才会意识到，自己能够战胜学习，自己是个无比强大的人。

我来总结一下，如果不想因学习而受到伤害，需要做到以下三点：首先，要紧紧地拥抱自己；第二，千万不要去和别人做比较；最后，不要忘记自己有多强大。这样，我们美好的心灵就穿上了坚固的铠甲。

蔡佑，
“学习就像小猫一样”是什么意思？
学习并不容易，就像想抱一抱很难抓住的小猫一样。学习也会经常不顺从我们的心意，就像不听话的小猫一样。而且，因为每天都要写作业，所以学习也无法消失，就像在我们身边打转的小猫一样。

Lesson 02

学习能给我们带来什么好处吗？

Q. 学习能给我们带来什么好处吗？我不想听老套的回答，不要再说什么“只有学习好才能上好的大学，才能在大公司工作”这类的话了。有没有能让小学生也产生共鸣的新鲜一点的答案？

A. 对。我们学习并不只是为了考上好的大学，找到好的工作。学习能带给我们的好处还多着呢。首先，我们的体内会产生让自己都感到惊讶的力量，这种力量会让我们获得勇气和智慧。同时，学习能让我们内心保持阳光和幸福。不要误以为只有成绩好才能感受到，只要认真学习，任何人都可以得到这一切。下面我就来逐一说明。

1. 学习能带来惊人的变化

学习可以让我们成为超级英雄。当然，这里不是说我们会真的变成超级女侠或者蜘蛛侠，但却可以得到其他的超级力量。

下面我来介绍一位依靠学习的力量，从乞丐变成英雄的孩子。在距今500年前的英国伦敦，有个名叫汤姆·坎迪的孩子，他出生在一个非常贫困的家庭。汤姆的生活充满了贫穷和不幸。如果他没有乞讨来东西，便会受到父亲的打骂并挨饿，一同生活的奶奶如果阻拦，会招惹来更凶狠的辱骂和折磨。这个犹如生活在地狱中的男孩汤姆，正是童话故事《王子与乞丐》中的乞丐男孩。

但是，任何地方都会有希望的存在。生活中充满不幸和饥饿的汤姆遇到了一位很特别的老师，他就是因受到国王排挤而被赶出教会，来到贫民窟生活的安德鲁神父。神父向汤姆介绍了很多书，讲了很多神奇的故事，那是些有着巨人、精灵、鬼怪、魔法师、国王等不同角色的充满幻想的故事。

小汤姆大受震撼。乞讨的街道是肮脏的，成天挨打的家里破败不堪，但神父口中的世界却惊人的美丽和耀眼。汤姆激动的心剧烈地跳动着，他想要跃入那个神奇的世界。随后，他确实这么做了，汤姆开始兴致勃勃地读书，连晦涩难懂的拉丁语也难不倒他。

不久之后，汤姆身上发生了惊人的变化。就像一个平凡的少年被超级蜘蛛咬了后，变身成蜘蛛侠一样，汤姆也拥有了巨大的能力。坚持学习的汤姆在不知不觉中长成了一个聪慧的孩子，朋友们都惊叹于他的谈吐与博学。不知从何时起，当大人们遇到了难处时，就会来找汤姆请教，“这个应该这样做，那个应该那样做”，汤姆为这些比他年纪还要大很多的大人们提供解决方案。

无论是大人还是孩子，都非常地尊敬汤姆，汤姆变成了村子里的英雄。就连后来偶然间遇到的王子，也连连称赞汤姆了不起。

读有趣的书，积累了知识后，会变成什么样子呢？会变成闪耀的人。不是因为上了名牌大学而闪耀，而是因为丰富的知识、深邃的思想和不凡的谈吐而变得闪耀。这样的话，我们可以给身处困境的朋友提出建议，用风趣的话语去帮助朋友摆脱悲伤，这就像蜘蛛侠把人们从坏人手中拯救出来一样。

读书和思考能让人产生一种超能力的觉醒，这就是学习的力量。正是因为学习，才让生活在饥饿与被虐待中的乞丐少年变得闪闪发光。读书和学习可以改变自我，令我们的学识变得丰富，思想变得有深度，从而成长为一个优秀的人。

2. 学习可以像盾牌一样保护我们

专心学习的孩子可以获得盾牌。因为学习可以保护我们。为了能简单地说明这一点，我们先假设以下的场景：朋友对你说了很过分的话——“什么？你说得不对，太可笑了，我听都不想听”，如果朋友像这样无视你的意见时，应该怎么回答呢？

❶ 对不起。我以后会注意的。

❷ 不要这样，应该尊重朋友。即使想法不同，也要懂得倾听，这才是尊重别人的做法。

这时候，不可以像❶这样回答，不真心地道歉是不可取的做法。即便有些困难，也要回答❷，❷才是像盾牌一样能保护我们的说法。但是想要说出❷这种话，就要知道“尊重”这样的词语。“尊重”是课本中可以学到的概念，即使意见不同，也要相互倾听和理解，这便是尊重。知道了这个词语，就可以在别人攻击你时，保护自己。这珍贵的盾牌，正是我们从学习中得到的。

在封建社会中，只有贵族和贵族的孩子才会受到重视。在现代社会里，每个孩子都是平等的，要被平等地对待。人民是国家的主人，所有的儿童都应受到重视。

面对动辄生气、爱命令人的爸爸，你可以这么说“我想要民主的对话”，这是指孩子和爸爸妈妈同等重要，要平等对话的意思；也可以说“希望爸爸能民主一些”，这是指不要自己做决定，要倾听孩子的想法的意思。这样做，爸爸就可能会表示退让，并且以后也很有可能民主地与你进行对话了。这种情况，正是“民主”这个词语保护了我们，我们要从哪里学到这个词语呢？正是从学校和教科书里。除此之外，我们还可以在学校里学到例如人权、生命、关怀、承诺、规则等概念。这些都是可以保护我们的词语。我们可以坚定地说:

“我也有说话的权利。不要侵犯我的权利。”

“要遵守约定，任何人都不能例外。”

大家是不是觉得，我们在学校里学到的一些知识，看起来没有用，感觉没有意义？其实并不是这样的。不要错过这些珍贵的盾牌，要让它们为我所用，在需要的时候，果断地用它们来保护自己吧。

3. 知识增加了，烦恼减少了

大家有感到恼火的时候吗？恼火的情绪什么时候会大爆发呢？大概是受到不合理的干涉的时候。当有人以不合理的理由来妨碍我们时，就会让我们觉得恼火。这时我们应该怎么办呢？发火吗？尖叫着爆发吗？都不是的。

当我们遇到不合理的干涉时，应该冷静地向对方解释：这样不可以。想要解释清楚，就需要有知识。利用我们所掌握的知识，沉着冷静地向对方解释，才有可能说服对方。

下面我来举个例子。爸爸禁止我使用手机。这是大家都很烦恼的情况吧，这时候最重要的是，我们该如何跟爸爸解释。

爸爸 **“别玩手机了。你怎么一天到晚都在玩手机？”**

孩子 **“爸爸，你误会我了。手机不是只有娱乐功能，想要获得信息的时候，也需要用到手机。而且，和朋友微信联系，也是重要的交流方式。无条件地禁止使用手机，是不对的。”**

智能手机的各项功能，可以在上网课过程中学到。如果我们把这些知识告诉爸爸，爸爸会发自内心地感叹：“哎呀，我的孩子真是聪明，以后想干涉他可没那么容易了，哈哈哈。”

知识可以让我们更加自由地活动。当受到的不合理干涉变少，我们也就不会因为恼火而阴郁，再愁眉苦脸了。试着利用书本中学到的知识，冷静地说服对方。这样，你也会变成一个自由开朗的人。

4. 会拥有超级英雄一般的勇气

通过学习，我们的体内还会产生其他的变化，可以获得意想不到的勇气。举个例子吧。大家想象一下爸爸妈妈外出，只有自己在家时的场景，会不会因为担心出现鬼怪而感到害怕。但如果是读过书，积累过相关知识的孩子就会不同，因为我们知道世界上没有鬼，根本不需要担心害怕。同样，当我们知道了红绿灯的含义，就不会再害怕马路上的车辆（但是日常还是要小心路上正在行驶的车辆！）。知道得越多，恐惧就会减少，我们就会变得勇敢。是学习给我们带来了勇气。

学习还会引起其他的变化。学习让我们懂得什么是正确，什么是错误。当知道了判断是非的标准时，就可以明确自己的立场。例如，“挑起战争的人是不对的，而帮助贫困和生病的儿童是正确的”，能够像这样果断地表达自己的看法，是不是很酷？

通过学习，我们还可以产生控制内心和行为的力量，从而强化我们的自控力。我们每个人的心里，都有一匹小马，只有让奔腾的小马安静下来，我们才能安心地学习。刚开始会很难做到，安安静静地坐在桌子旁学习，不是一件容易的事情。但当我们试着沉下心来，就有了控制小马的能力。这是一种能够按照自己的想法去调节思维和行为的能力，是一种值得称赞的、了不起的能力。

我们不仅仅是为了考上理想的大学才学习的。通过学习，会发生很多让我们身心愉悦的事情，能够获得很多令我们意想不到的能力。虽然学习偶尔会给我们造成困扰，但它不是一个坏朋友，而是一个不错的好朋友，或者说，像是一个会送给我们礼物和惊喜的圣诞老人。

学习能带来的好处：
获得超能力
保护自己
不被干涉
受到尊重
产生勇气
产生自我控制力
请给我勇气！
请给我幸福！

Lesson 03

学习能让我们变得快乐吗？

Q. 我们家的小狗很快乐，我却很不幸，都是因为要学习，每天要读书、背书、做题，实在太累了。爸爸妈妈总是唠叨，让我学习，还会经常责备我，我可真是太难了。人不应该要快乐地生活吗？我想像我家小狗那样，每天快乐地玩耍，快乐地生活。

A. 你想像小狗一样生活？这没法做到，所以也不可能实现。让我们先从字面意思分析一下“快乐”是什么。感到开心就是快乐，对吧。想变得快乐，其实并不难，只要做自己喜欢的事情就可以了。把美味的食物放进嘴里，我们会觉得快乐；和朋友或家人一起咯咯笑着聊天，不必多说，也是件快乐的事情。那么，就让我们多吃好吃的，还要尽可能地多和爱的人一起，度过愉快的时光。这样，当我们做一些喜欢的事情时，烦恼就会消失，心中就只会留下开心，这就是快乐。

1. 学习是为了获得和小狗不同的快乐

那学习是怎么样的呢？辛苦的学习能让我们变得快乐吗？努力学习的话，可以获得即刻的回报，例如别人的称赞，或者内心的成就感。但比起现在的快乐，学习更是为了未来的快乐。

啊，对不起，看到我说“未来的快乐”，是不是觉得我又在老生常谈些无聊的内容？那我抓紧换种说法——我们学习是为了获得和小狗不同的快乐。有人说，想像可爱的小狗那样生活？但小狗和小朋友是不一样的，非常的不一样。

我们先从大小便说起，小朋友们想方便时，会到卫生间解决，但对小狗来说，随处都是可以方便的厕所，在任何地方都可以大小便。这种自由是人类效仿不来的。此外，还有一点不同，那就是人类会思考未来。小朋友们都会制订有趣的计划，但小狗却不会计划未来。“明天玩什么呢？今年又会发生什么事？”这些都是小狗不会去想的事情。你问我是怎么知道的？这可是研究宠物狗的科学家们给出的解释，这下可以相信了吧。总之，小狗不会担心明天，只会想着今天过得开心。这也是让人羡慕的啊。

但我们需要关注的是第三点的不同。对人类来说，世界是个令人兴奋的游乐场，可对于小狗来说，家才是最安全的地方。虽然小狗也会在外面跑来跑去地玩耍，但家以外的世界，对小狗来说充满了危险，一不小心就会迷路、发生事故或者挨饿。

小朋友们现在所处的阶段，状态和小狗差不多。大部分时候，感觉在家里更舒适，爸爸妈妈也不太允许我们独自外出。但差不多十年以后，就会变得有所不同了，小朋友可以自由自在地自己游历世界。我们的世界，可是个有趣的大游乐园，大家可以不受别人的干涉，尽情地享受自由的快乐。只要我们愿意，可以去电影院和演唱会现场，还可以进行令人激动的海外旅行。

此外，我们还可以有很酷的工作。我们可能会成为采访明星的记者、科学家、舞蹈家、作家、视频网站的创作者等。只要大家真心愿意，所有的梦想都有可能实现，世界就像是挂满礼物的圣诞树，也是一个神奇的大游乐场，充满了大家想象不到的惊喜和梦想。

我们和小狗是不同的。小狗永远是小狗，但小朋友们随着身体的长大，心智也会成长。小孩子会很快长成青年，可以自由地享受与小学生截然不同的快乐。不仅在温馨的家里，也在这宽广的世界中。

2. 学习是为了获得快乐“魔法”

但是，想要在这精彩的世界上快乐地生活，有些东西是必备的。想要玩游戏，就要知道游戏的规则，同样的，想要踏入这个世界，就需要具备关于这个世界的知识。

我们需要做的准备就是学习。例如，学会了加减乘除，就可以合理规划自己的零用钱，买自己真正需要的东西。语言文字的学习能教会我们如何懂得别人的想法，以及如何去交流。学习是翅膀，能帮助大家尽情地翱翔在这精彩的世界中。

现在，让我们回到最开始的问题。学习能让人变快乐吗？当然可以。学习是为快乐做准备的过程。在不远的未来，当大家由小朋友长大成青年，就会找到自己的快乐。而我们那时所需要的知识，就在现在的学校、课本和其他形式的学习里。

我们可以把现在当作是成为魔法师的准备阶段，随心所欲地使用技能和变身魔法的日子终将到来。为了能够在这神奇的魔法世界中尽情地玩耍，从现在开始，一步一个脚印地学习魔法知识吧。

蔡佑呀，虽然很羡慕小狗狗，但我有太多的好奇，我想到世界各地去看看！
啊！素律，我也要一起去！
我也想像小狗狗一样玩耍和休息！

Lesson 04

我讨厌困难，为什么要学这些？

Q. 老师讲的东西越来越难，学起来就像陷入了沼泽。爸爸给我买的书也越来越厚，我们到底为什么要学这么难的东西？

A. 不要误会。每个小朋友都有求知的欲望，从易到难，这是学习的自然规律。事实上，过于简单的问题，会让大家难以忍受，让人感到厌烦。什么？不相信？那请大家做一做下面的题目。

$3+5=$　　$1\times 4=$　　$10\div 2=$

1. 简单的问题太折磨人

你做过共有40页的习题吗？如果把一年级小学生也能轻松回答的问题，拿给三、四年级的同学去做，他们会觉得太过无趣而无法忍受。因为题目太过简单，所以觉得无趣，想着“我为什么要做这种题目”，心情会变得很糟糕。

那么这次难度稍微提高一点，让大家做一道需要我们理解题干含义的题目。

有5块饼干，蔡佑吃掉了两块，还剩几块饼干？

大家都懒得回答吧。大概还会觉得有些恼火。正是因为题目太过简单了才会如此。简单的东西会很无聊。只做简单的题目，就像连续吃10颗、20颗甜腻的糖果一样，让人难受。

那试一下下面这道题目呢？

素律3岁的时候，哥哥的年龄是素律的2倍。现在素律5岁了，哥哥应该是几岁？

可能会有小朋友回答：哥哥的年龄是10岁。那就错了。答案是8岁。妹妹3岁的时候，哥哥6岁。哥哥的年龄比妹妹大3岁。

有趣一点了吧。因为题目难了一点，所以也就有趣了。

天才也会做错的题目

这次我们再来提升一下难度，一起看美国耶鲁大学谢恩·弗雷德里克（Shane Frederick）教授给学生们出的一道题目，和美国的大学生们来场头脑比拼。快来做做试试吧。

买棒球棍和球花了1100元，棒球棍比球贵1000元，球的价格是多少？

可能有人想回答100元。很可惜，答错了。如果球是100元的话，棒球棍的价格就是1100元，这样总价就成了1200元。

答案应该是50元。只有棒球50元，球棍1050元，加起来才是1100元。即使答错了，也没什么好笑或丢脸的。这个题目，连学习成绩很好的美国哈佛大学和麻省理工学院的大学生们，也有超过一半的人做错了。

怎么样？是不是很有趣？虽然给错了答案，反而更觉得有趣了。所以有难度才会觉得有趣，就是这么神奇。

2. 有难度才更有趣，头脑也会变聪明

我们为什么要学习难的东西？如上所述，是因为有难度才会觉得更有趣。简单的学习内容反而更加折磨人，这就像是每天数十次地重复游戏的第一关。

此外，只有学习难的内容，我们的头脑才能变聪明。想象一下，如果整个小学过程，都在学习1+3、2+4这些简单的算术，我们是不可能有长进的，到小学毕业也只能停留在一年级的水平。正是因为大家做的题目越来越难，我们才变得越来越聪明。如果你正巧因为昨天学的内容很难，感到很累，那么辛苦了，但是，今天的你一定是更加聪明了。

所以请大家一定要这么想，“学习本来就是有点困难的”“只有学的东西难，才会有趣，我的智力也才会提升”，像这样积极地去思考，就可以原谅有难度的习题和厚重的书本了。但需要注意的是，难度过大也是不可以的。什么是“难度过大”的内容呢？如果读了很多遍，还

是读不懂，那就是难度过大了。如果进行了深入的思考，还是无法理解，那就是难度过大了。

像这样的大难题，无法做出来，我们可不能放过它，得告诉别人才行。告诉谁呢？当然是把困难告诉老师或爸爸妈妈。千万不要为说出困难感到害羞，这就像是说“衣服太大了”一样正常。面对难题，不懂装懂反而危害更大。

我自己小的时候，因为害怕朋友的嘲笑，有了问题问不出口。明明没有听懂，却点着头假装明白。到了后来，不会的内容堆成了山，别提有多辛苦了。

没有人会嘲笑你的，请不要担心，大胆地说出来。“这个我不懂。能不能解释得更简单一些？”老师和爸爸妈妈会亲切地帮助你的。

蔡佑，你怎么这么聪明？
让我来告诉你我的秘诀。首先，要试着去学习稍微有点难度的东西。第二，如果遇到太难的问题，要如实地告诉老师和爸爸妈妈。第三点是最重要的，就是要多和像我这么聪明的朋友聊天呀。

Lesson 05

大人们小时候喜欢学习吗？

Q. 难道大人都是克隆人吗？他们说的话都一个样。“你要好好学习”，爸爸妈妈、爷爷奶奶、叔叔婶婶，连邻居的阿姨说的都一样。有一次，在餐厅里，连一个不熟悉的叔叔都问我“你学习怎么样”，搞得我压力很大，一大碗面吃了一半就离开了。

我想知道，大人小时候学习都很用功吗？都很喜欢学习吗？请告诉我大人的秘密。

A. 大人不是克隆人，每个人都很不一样。但一提到学习，大人又都会不约而同地说“要好好学习”。

不同的人，说出来的话却一模一样，这可真是神奇又令人困惑的事情。就像如果全班同学喜欢的歌曲都一样，那得多么奇怪啊。

把“好好学习”挂在嘴边的大人，小时候是什么样子的呢？都喜欢学习、努力学习吗？不是的。大部分的大人，小时候都不喜欢学习，起码我和我的朋友们都是这样。甚至都会讨厌上学，我至今还记得每次假期结束时，眼前一片漆黑的感觉。

在四年级的时候，班主任的话曾经让我感到震惊：“你们以为，只有你们是这样吗？假期结束了，我也很难过。我们大家都一样，所以也算是同病相怜，哈哈哈哈。”那个时刻，我感到和老师从未如此亲近过，感觉老师像个惺惺相惜的朋友。和老师成了好朋友，那可真是一种很微妙，也相当不错的感觉。

总之，就是这样。大家可以当作大人小时候也不喜欢学习，爸爸妈妈、爷爷奶奶、叔叔阿姨全都一样。虽然也会有极少数的几个朋友会特别喜欢学习，但对于大部分从前的孩子来说，学习都是一件非常令人厌恶的事情。

但是，随着岁月的流逝，当我长成大人后，不知不觉地就开始说谎了。作为大人的我，曾对学生这样说过：“我小时候觉得学习很有趣，即使是很难的书也会认真地阅读，去感受学习的乐趣。你也努力试试看，你会喜欢上学习的。”

虽然是为了帮助学生才这么说的，但内心仍会感到心虚。因为，即使小时候偶尔也会觉得学习有趣，但总体来说，我还是不喜欢学习的。这么说，只是在假装自己是个好学生罢了。我至今觉得，应该向那个学生道歉。

以前的孩子们学习的四个理由

虽然包括我在内的大部分大人，小时候并不喜欢学习，但我们并没有拒绝学习，而且确实有在努力地学习。为什么会这样呢？大人虽然不喜欢学习，但也曾经努力的理由，大概有四点：

第一，是因为害怕爸爸妈妈。在我小的时候，我的爸爸妈妈可比现在的爸爸妈妈严厉多了。

小孩子不学习的话，不仅要挨骂，甚至还会被打屁股。虽然冠以“爱的棍棒”之美名，但挨打的孩子可是一点都感受不到爱，只有疼和害怕了。

老实说，那时候的爸爸妈妈，即使不发火也够吓人的。眼睛一瞪，或者大声地说句话，孩子们都会瑟瑟发抖。爸爸妈妈命令学习的话，孩子们只能乖乖地趴到书桌上去。

讨厌学习也会努力去学的第二个理由，是因为爱爸爸妈妈。我不想让爸爸妈妈难过，如果我不学习的话，爸爸妈妈就会变得很担心。小朋友们都很会看眼色，就连妈妈转过身去轻轻地叹声气，我们也能察觉到。虽然小朋友不喜欢学习，但我们更不愿看到爸爸妈妈伤心，为此，我们也会打开课本。我和我的朋友们差不多都是这样的。

第三，为了得到认可而学习。爸爸妈妈的认可和表扬就像巧克力一样甜蜜。此外，我们也会为了老师和朋友的称赞而努力学习。

第四，有时学习也蛮有趣的。当我们回答对了各国的首都，会感到满足。虽然几千年前熊变成人的传说[1]无法让人信服，但也会读得津津有味。

如果把我小学时候学习的理由换算成百分比，并按照比例来排序的话。害怕爸爸妈妈占40%，爱爸爸妈妈占30%，为了得到认可占20%，喜欢学习占10%。好像从来都不是为了长大以后，考上大学或者找到工作。

我来代表大人坦白地表示：大人小时候也并没有那么喜欢学习。大部分时候，是出于对爸爸妈妈的惧怕和爱才学习的，并不会因为喜欢学习而沉浸其中。

---

1 译者注：根据韩国的《檀君神话》，熊和老虎祈求下凡的天神桓雄把自己变成人类，桓雄告诉它们只要能在洞中坚持100天只吃大蒜和艾蒿，就能变成人类。老虎耐不住煎熬中途放弃了，只有熊经受住了考验，最终变成了女人。变成了人的熊女，嫁给了桓雄，诞下了朝鲜半岛的第一任君主——檀君。

现在，来聊聊你们吧。小朋友们，你们学习的理由是什么呢？如果无法作答的话，让我们看看下面列出的理由。

1. 因为爸爸妈妈要求我学习。
2. 为了得到零花钱和玩具。
3. 想要得到认可。
4. 想变成有价值的大人。
5. 想考上名牌大学。
6. 因为朋友们都在学习。
7. 没有什么特别的理由和想法。
8. 因为学习有趣。
9. 不学习的话会挨爸爸妈妈和老师的骂。
10. 因为热爱自己的人生。

大家是以上哪几种情况呢？

或者有什么别的理由吗？

和爸爸妈妈分享一下自己的学习理由吧，那一定会是一场心灵相通的、愉快的谈话。

素律，你喜欢学习吗？
不喜欢，**我更喜欢玩！**
但爸爸妈妈说，
学习就像是攒积分卡，现在攒多了，
以后一定会用得到。
虽然我也不是很明白，
但我打算先好好学习，
等积分攒够了，
以后一下子就都用上。
给你看看我的积分卡
算术：2张
英语作业
满分王：2张
拼写：2张
读书
写读后感
阅读理解：1张
写日记
背诵课文：1张
预习课本

· 第二章 ·

养成积极学习心态的秘诀

Lesson 01

能知道我的才华和未来职业吗？

Q. 爸爸妈妈偶尔会问：“你没有梦想吗？”我也很郁闷，我不知道自己擅长什么。我真的有才华吗？如果有才华，未来适合我的职业又是什么呢？我要先知道这些才能决定学不学习。

A. 是啊，想要发现自己的才华，可不是一件简单的事情。事实上，连大学生也都在为了搞清楚自己擅长什么、应该选择什么职业而苦恼呢。但发现自己的才华也不是不可能的。找到一个好的向导，或许会有帮助。我们人类拥有语言天赋、数学天赋、音乐天赋、运动天赋等大约8种天赋。下面，我将结合美国著名心理学家霍华德·加德纳（Howard Gardner）的研究来进行分析说明。

1. 语言天赋

当你看到有趣的文章时，会觉得像品尝美食一样享受吗？读诗的时候，会为之感动或感到愉悦吗？老师说的某些话，你过了很久还能记忆清晰吗？如果是这样，那你就是拥有语言天赋的孩子。

这样的孩子，以后可以选择需要擅长写作或语言表达的职业。具体来说，很适合成为作家、法律工作者、政治家、播音员、老师、记者等。语言才能需要在文字的熏陶下成长，多读书和多写作可以加强我们的语言才能。

2. 数学天赋

你觉得图形问题并没有难度？喜欢数字吗？擅长做加减乘除吗？可以很容易地画出图表或表格吗？

拥有数学天赋的孩子适合从事科学家、程序员、会计师、银行职员、数学家等职业。

你不喜欢数学？觉得自己没有数学天赋？那可不一定。现在可能不喜欢，但说不准从下个月或者未来不久后开始，你就会爱上数学，不要太早地下结论。

我想说的是，不要因为觉得难，就过早地放弃数学。要学会等待，多给自己一些时间。

3. 音乐天赋

有音乐天赋的孩子喜欢唱歌和演奏乐器。他们会觉得，读乐谱不是什么难事，还会乐在其中，并且很喜欢听音乐。

音乐才华出众的孩子可以成为音乐家、演奏家、指挥家。但也不是一定要站在音乐舞台上，音乐才华在其他领域也可以得到施展。可以成为音乐老师，或者影视作品的音乐导演。电视剧、广告和电影里都有配乐，对吧？想要选出与场景相符的音乐，就需要有杰出的音乐才华。拥有音乐天赋的孩子，可以活跃在需要音乐的舞台、讲台，或者影视制作等领域。

4. 运动天赋

拥有运动天赋的孩子也很多。身体灵敏、行动迅速、平衡力好，喜欢运动、跳舞和演戏。此外，还可能拥有擅长制作、修理东西的好手艺。

运动能力突出的孩子可以成为运动员或者舞蹈家，还可以成为像钢琴家、鼓手、吉他手这种演奏时需要动作准确快速的演奏家。此外，还适合做发明家、摄影师、艺术家，也很适合成为需要用灵巧的双手来完成手术的外科医生。

5. 空间想象天赋

拥有空间想象天赋的孩子，可以像在纸上画画一样，在空旷的空间里用想象作画。例如，他们可以在头脑中想象出，如果把房间里的床和书桌移动到另一个位置，会是什么样子。他们可以轻易地想象出高大美丽的建筑，并把它画出来。他们可以用积木堆出令人惊叹的造型，可以用黏土创造出充满想象力的小动物。

想象力丰富的孩子，长大后可以成为建筑师、雕塑家、各领域的设计师或者工艺师。还拥有成为广告制作、飞机驾驶员的潜能，也可以成为作家、发明家和策划人等。

6. 理解他人的天赋

有些孩子可以通过语言、表情或者行为，很快地发现朋友的悲伤，并给予安慰；还有些孩子很擅长说话逗爸爸妈妈和老师开心。这样的孩子拥有可以读懂别人内心的才能。

他们长大以后，可以成为理解孩子的好爸爸妈妈、教好学生的老师、研究社会制度和社会心理的社会学家、懂得消费者心理的产品销售人员、能打动人心的演员、治愈心理疾病的心理医生等。

7. 自我认知的天赋

还有些孩子能够很好地认识自我。这类孩子很了解自己的长处和不足，能够很快地察觉出自己的愉悦或悲伤，拥有很强的自我控制能力。

擅长自我认知的孩子，适合成为书写动人故事的小说家。还可以成为进行深入思考的哲学家或科学家。而且，擅长了解自我的人，通常也擅长理解别人的心理，适合做精神科医生。此外，还可以做个艺人，把自己的故事写成歌曲唱出来，成为一名作曲家或歌手。

8. 观察自然的天赋

观察自然的能力，指的是能够敏锐地观察动物、植物和环境的能力。拥有这类天赋的孩子，喜欢学习关于动物的知识；同时，关心自然的变化和环境的保护。

擅长观察自然的孩子，可以成为研究天气的气象学家。还适合成为动物学家、植物学家、研究药物的药学家、地质学家、环保活动家、园艺家等。

在此，我们可以了解到一件重要的事情，即人的才华是多种多样的。不是只学好数学和英语就最厉害了，音乐和运动的能力培养也非常重要。此外，认识自我和理解他人的能力也很有价值。还有，请记住，一般一个孩子会同时拥有多项才华，说不定自己同时具备了语言天赋和数学天赋，也可能同时拥有运动天赋和空间想象的天赋。

大家的体内隐藏着什么样的天赋呢？要怎么做才能把它找出来呢？需要多多地体验。需要我们去玩、去跑、去阅读、去写作、去思考，这样，你才能知道自己擅长做什么，自己的天赋是什么。总有一天，我们体内的天赋会像宝石一样熠熠生辉，发出耀眼的光芒。再等一阵子就好了。在那之前，不要忘记努力地玩耍、努力地学习哟。

1 12 25
数学天赋
√4 Y x
音乐天赋
空间想象
的天赋
自我认知
的天赋
观察自然
的天赋
理解他人
的天赋

Lesson 02

我好像
不够聪明，好伤心

Q. 我的脑子怎么这么笨。听了同样的内容，其他小朋友都记住了，可我一会儿就忘了。要说理解力吧，好像也不怎么行，别人很容易听懂的内容，我却很难理解。我觉得自己不太聪明，智商不高的话，就算学习也没什么用，不是吗？

A. 智力是石头吗？会像石头一样，大小永远不变吗？不是的。智力如同树苗，也就是像小树一样，在我们的照顾和打理下，会逐渐长高、长大。

学习可以让大脑变得聪明

请一定要记住，智力是会改变的。只要我们主动学习，就可以提升智力。做算术题、读书、聊天都可以促进我们大脑的发育。就像喜欢玩耍的孩子身体更加健康一样，经常学习新知识的孩子，智力也会更高。这并不是我自己的说法，而是许多的脑科学家共同的意见。

大脑不够聪明，没法学习？这是本末倒置了。不学习的话，大脑会变笨。学习的话，大脑会变聪明。换句话说，如果我们停止学习，大脑就会变笨。学得越多，大脑就越聪明。

其实，完全不必担心，作为小学生，只要努力过好自己的校园生活就可以了。多读些有趣的书，背一背让人有点头疼的历史知识，再做些有点复杂的数学题，和朋友一起聊聊天。不知不觉间，我们大脑就会越来越聪明了。所以，没有什么好担心的。

还有一件事情不能忘记，那就是，智力的种类有很多种，可以分为记忆能力、理解能力、分析能力、创造力、应用能力等。有的小朋友拥有让语文成绩很好的智力，有的小朋友的智力让他们对数学很擅长。还有喜欢历史、科学的小朋友，也有拥有美术和音乐智力的小朋友。

重要的是，智力的种类有这么多，没有谁可以同时拥有所有的智力。即使是天才也没法做到。

让爱因斯坦羞愧的秘密

我们来举个爱因斯坦的例子，他可是世界上公认的最聪明的天才之一。数学、科学、语言，没有他不擅长的，他还有着高超的小提琴演奏水平，文章也写得非常棒。但他有个秘密，有个相比普通人都明显不足的缺点，那就是他的记忆力很差。

爱因斯坦在美国普林斯顿高等研究院工作的时候，有一天，一个男人打电话到研究院，问能不能告知一下爱因斯坦博士的家庭住址。这当然不可以，研究院为了保护个人信息，是不会把家庭住址告诉任何人的。在遭到拒绝后，电话那头的男人小声说道：

“请不要把这件事情告诉任何人，其实我就是爱因斯坦博士本人。我现在在回家的路上，但记不起来家在哪里了。”

天才爱因斯坦也并不完美。爱因斯坦是个连自己的家在哪里都会忘记的人。5岁的小朋友都不会忘记自己的家在哪儿吧！不仅如此，爱因斯坦还有一件出名的事情，他因为记不住家里的电话号码，只好把号码记在笔记本上，以便需要时拿出来看。

任何人都有缺点。没有哪个学生能擅长所有的科目。即使是天才，想要同时拥有很强的理解力、记忆力、分析能力、适应能力、想象力等所有能力，也是不可能的。

事实上，也不必完美。看看爱因斯坦，虽然存在不足，但仍在自己的研究领域内取得了巨大的成就。

所以，要记住以下两点：

首先，不是只有脑子聪明的人才需要学习。学习能让我们变得聪明。在我们边做数学、语文题边发牢骚的时候，智力也正在不知不觉地增长着。如果今天，大家正巧解开了某道难题，那就在客厅里这样欢呼吧："今天我又变聪明了！万岁！"爸爸妈妈肯定会惊讶地瞪大眼睛为你高兴的。

第二，大脑再聪明也无法完美。天才也有不知道的事情，所以，如果大家有了不会的问题，那也没关系。学过的内容立刻忘掉了，也不是什么问题。不要灰心地认为"只有我最笨"，要知道"谁都有记不住的时候"，然后再学一遍就可以了。爱因斯坦小的时候，应该也想不到自己以后会成为一位天才的物理学家。所以，我们每天只要认真地学习和开心地玩耍就足够了。

去学习和玩耍吧，要努力地学习、尽情地玩耍。这样，我们自然而然地就会成长为聪慧的成年人。

你们都记得家在哪里啊，比我聪明……
我好笨！太难了！

Lesson 03

只要不停地学习，就会变得很聪明吗？

Q. 我能操控爸爸妈妈的表情。我学习的时候，爸爸妈妈的脸就会变得晴朗；稍微休息一会儿，他们的脸就会阴沉下来。我不想让他们失望，可是要让他们开心的话，就只能整天假装在学习吗？

A. 不是这样的。要经常休息的。如果每天学习时间过长的话，反而令人担心。因为过分紧张疲劳，不仅对健康非常不好，成绩也会下降。为了提高学习质量，首先要休息好。

这是教育学家和脑科学家们一致认可的事情，但不了解这些知识的爸爸妈妈却不在少数。有的即使知道，也经常无法做到。

其实我也一样。“只有休息好了，才能学习好”，我对孩子嘴里说着这些漂亮话时，心里想的却不同。孩子合上书刚刚10分钟，就开始担心了。过了20分钟，就开始难受了。30分钟过去，孩子还在休息的话，就开始烦躁了，心里直冒火，忍不住开始唠叨：“你不学习吗？”说了可以休息，却又不让休息，完全是言行不一。是不是很可笑？世上的爸爸妈妈都差不多。

对于担心孩子休息的爸爸妈妈们，有一个值得高兴的信息。孩子们即使在休息的时候，他们的大脑也没有休息。

大家看着天空或者听着音乐的时候，大脑也在跟着休息吗？没有，大脑忙得很。我们的大脑比蚂蚁还要勤劳。即使我们精神放空，大脑也至少在做以下三件事情：

1. **整理学过的东西。**
2. **思考创意性的想法。**
3. **为再次集中注意力补充能量。**

这是什么意思呢？我们来一件件地看一看。

1. 安心休息吧！大脑会整理

请偶尔放松一下你的神经。这时候，大脑会自动地整理今天所学的内容。例如，我学习了“关怀”这个词语，即使精神放空时，大脑也会自动思考，“我是一个经常关怀别人的人吗”“朋友对我的关怀有哪些”，等等，从而产生各种各样的想法。在此过程中，就复习和整理了“关怀”的含义。是不是很棒？

还是不明白吗？那么，假设我被朋友取笑，被叫作“傻瓜”，即使我决定要忘记这件事情，但还是会经常想起。脑子里总是回响着“傻瓜、傻瓜、傻瓜”的声音。这就是我们的大脑在复习“傻瓜”这个词语。

我们什么都不想的时候，大脑会复习和整理我们看到或听到的东西。所以休息的时候，放下心来，安心休息就可以了。

2. 不要错过创意！

我们休息的时候，大脑还会进行创意性的思考。我们散步或者洗澡的时候，经常闪现重要的想法。也有过吃饭走神的时候忽然想到解决问题的方法的经历。这都不是我们想出来的，而是当我们放松精神，大脑产生了创意性的想法给我们的提示。

我们需要休息。只有休息才会产生创意性的想法。历史上的人物也能为此证明。苹果掉下来的时候，英国物理学家艾萨克·牛顿（Isaac Newton）正在休息。发现浮力原理，大喊“尤里卡！[1]”的古希腊科学家阿基米德（Archimedes），当时正在泡澡休息。

整天学习不休息，等于破坏了我们大脑的创造力。请把这些告诉责怪我们休息的爸爸妈妈。只有停下来休息，大脑的创造力才能得以发挥。

3. 补充能量再出发！

在我们好好休息的时候，大脑会为我们再次集中注意力而补充能量。睡一觉起来学习，能学得更好。散步后，注意力会提高。要休息好，才能更好地继续学习。

只是一味地学习而不休息是不行的，这样不会带来好的结果。首先，这可以说是剥夺了大脑复习的时间；其次，还会降低创造力；再次，这是在不断释放我们集中精力时所需要的能量。因此，学习一段时间就要进行适当的休息，得到充分休息的孩子，学习才会更好。

---

1 尤里卡（Eureka）为古希腊语，意为：我发现了，我找到了，有了。

休息时适合做的事情清单

那么，应该如何休息呢？我来介绍一些教育专家经常推荐的方法。

- ★ **听喜欢的音乐，可以是流行音乐，也可以是古典音乐。**
- ★ **沐浴着温暖的阳光散散步。**
- ★ **计划一下周末玩什么。**
- ★ **读有趣的书20分钟。**
- ★ **和朋友进行10分钟的微信聊天。**
- ★ **洗个凉爽的脸，或者冲个热水澡。**
- ★ **发呆。**

这些都是令人心情愉悦的休息方式，但大家知道“发呆”也是一种有趣的休息方法吗？望着天空，嘴巴微微张开，放松眼睛，这样就可以了。这样放空精神，大脑中就会冒出创意性的想法，并产生能量。

但有些休息方式，需要我们注意。玩电脑游戏或者看电视，虽然也是休息，但一不小心就会超出时间。一定要控制在较短时间内。大脑休息的时间在10分钟左右最佳。休息得太久，会很难回到集中精力的状态。

发呆！我在培养大脑的创造力呀！
你在干吗呢？

Lesson 04

怎样才能对学习产生自信？

Q. 我的学习不好。语文科目稍微好一点，其他科目都很差。虽然没和别人说过，但我很害怕学习。因为没有信心能学好，所以既害怕又难过。该怎么办呢？

A. 该怎么办？方法很简单。别害怕就行了。其实，没什么理由好害怕的。学习不好，又不会出现一个怪物把人抓起来吃掉。即使做不出数学或英语题目，也可以生活得很幸福。区区成绩，是不能伤害到大家的。大家可没有那么羸弱。

这里不是让大家不要重视学习的意思，而是说，我们要抛弃恐惧的心态去学习。要心里想着“成绩怎么样没有关系，我已经尽力了”。痛快地下定决心，认真学习，就不会害怕了。

然后，再增加些自信就好了。所谓自信心，是要从心里相信自己。相信自己能学好，就是学习的自信。

我们要抛开恐惧心理，对自己的学习产生自信。但怎么做，才能对自己的学习产生自信呢？这是有方法的。

1. 取得微小进步也要感到骄傲

首先，取得了微小的进步也要感到骄傲。假设我们考试，上次考了50分，这次考了100分，便会产生自信，相信自己通过努力以后学习成绩能提高。

“欧耶！提高了50分。我以后肯定能学好，我就是天才，太开心了！”

但事实上，快速提高50分成绩的情况非常少见。除非是天才，否则很难出现这种奇迹。成绩本来就是一点点来提高的，即使是一步一步地往上走，也非常优秀。

成绩不需要很大的变化，上次考了70分，这次考了75分，就是个很了不起的提高，值得为之鼓掌。小小的进步也难能可贵，得表扬一下自己，像这样欢呼吧:

“欧耶！我提高了5分。虽然只进步了一点，但只要以后继续进步就行了！我有信心！”

成绩提高了5分也很优秀，即使是取得了一点点的进步，也要给自己鼓励。这样去做，就会产生不可思议的效果。成绩持续上升的“成绩进步循环”就开始了。

那么，分数下降了5分的时候，该怎么办呢？告诉自己没关系就行了。是真的没关系。花样滑冰女王比赛的时候也会摔屁股墩，她的奥运会金牌也会有溜走的时候。足球天才也会有低谷期。

这个世界上，没有人能每时每刻都做得很好。失败了也没关系。掉下去了就再爬上来；跌倒了就再站起来；成绩下降了，就去扑腾扑腾再升上去。没什么大不了的，请鼓励自己重新开始。这样，分数就能重新提高了。

2. 除了分数外，称赞自己的学习态度

另外，分数不是全部。除了分数，还有很多重要的事情要做。例如，自己的注意力提高了，那是和提高分数同样好的事情，一样值得骄傲。

昨天专注学习了20分钟，今天专注学习的时间增加到了30分钟，半个小时内既没有碰手机，也没有站起来四处走动。如果像这样专心致志地做了30分钟的题目，那可是一件很了不起的事情。值得为自己庆祝一下。去向爸爸妈妈炫耀吧：

“爸爸妈妈，我的注意力集中了。今天做了30分钟的题目，一下手机都没有碰。我的学习成绩会越来越好的，太开心了！”

爸爸妈妈也会很高兴的。看到孩子对学习充满自信，他们会开心地笑着为你鼓掌，称赞你。和专注力一样，学习不拖延的态度也很重要。例如，昨天因为不想做作业，拖延了很久，玩游戏、看电视、上网，慢吞吞地拖延了30分钟。但是今天干净利索地完成了作业，然后才一身轻松地去玩耍。如果这样，那也是一件很棒的

事情。学习的态度变好了，应该称赞自己一下：

“哇，太棒了。今天放学后就开始写作业，并且很快就完成了。我很厉害嘛！”

当大家称赞自己日益提高的学习积极性时，也会自然地变得有自信，总有一天，你们会成长为内心强大的孩子。

3. 提高自己的自尊心

我来整理一下上面的内容。想要拥有自信心，应该对自己说什么呢？在心里默默想也可以，大声说出来也可以：

“哇！我提高了5分！小的进步也很可贵，我很棒。”
“比昨天多专心学习了10分钟。我正在慢慢变好。”
“今天做作业没有拖延，我越来越厉害了。”

但是，想要提高学习的自信心，还有一个最重要的方法，那就是提高自尊心。

所谓自尊心就是抱有相信自己很珍贵的想法。相信自己很珍贵，值得得到很多的爱，这就是拥有很强的自尊心。

我来做个测试。有人说“只有外貌出众，才是可爱的孩子”，这种想法对吗？当然是不对的，大错特错。就像花儿各有各的娇艳，每个人都有各自的美丽。所以认为谁更漂亮的这种想法是不对的，我会抛开这些来讨论。

我们都能看到自己外貌上的缺点，有了缺点，我们就要感到羞愧吗？不是这样的。即使我们没有绝色的容貌，我们每个人也都很珍贵。人的可贵之处和长相无关。我的存在本身最珍贵。只有这样去想，才会拥有很强的自尊心。

那么，只有学习好，才是值得珍爱的孩子吗？不是的。与成绩无关，所有孩子都值得被珍爱。每一个孩子生来都很珍贵，都有资格得到爱。只有记住这个事实，才能提高我们的自尊心。

强大的自尊可以照亮内心，对学习也有着巨大的帮助。心里明亮了，老师的话就听得更清楚，书也背得更快，才能更好地吸收所学的内容。即使做错了题，也能轻松一笑，然后再次进行挑战。我很珍贵，所以不能轻易言败。这样，我们学习的忍耐力就提高了。

能够提高自己学习的吸收能力和忍耐力，是一件很值得兴奋的事情。不仅仅是因为成绩提高了，而且学习也将变得不再那么辛苦，还能对学习产生信心。忘掉成绩吧。请记住，我比成绩重要一百倍。真爱自己，让自己的内心明亮起来，尽力用心地去学习吧。成绩就像是只小狗，熟悉了以后会跟在你后面跑。所以，假装不认识它也没有关系。

1. 为微小的进步感到骄傲

2. 除了分数外，也要称赞自己的学习态度

3. 提高自己的自尊心

Lesson 05

太喜欢视频网站了，戒不掉怎么办？

Q. 我非常喜欢看视频。不，是很爱看。我愿意不分昼夜地沉浸在视频网站中。只要开始看视频，就感到无比快乐。这不是爱是什么。我也爱游戏。虽然爸爸妈妈会生气，但我不想戒掉视频网站和游戏，就像是不想失去亲爱的朋友一样。我有什么问题吗？

A. 是的，当然有问题。喜欢看视频，这在现在的小学生中是非常常见的吧。可以在有空的时候看看视频、玩玩游戏，但过分地沉迷就是问题了。那是因为视频网站可不是真的爱你们。无论是视频网站，还是社交网络，看起来好像很爱小朋友，其实很冷漠。还有可能会伤害到大家，是决不能放松警惕的危险家伙。

下面，我来问大家几个问题。

1. 视频网站也爱小朋友吗？

视频网站爱小朋友吗？当然也是有一些爱意的，所以视频网站才会帮助视频创作者制作有趣的为小朋友打造的内容。

但是，我们能相信视频网站的爱吗？

我们来和爸爸妈妈（或者爷爷奶奶等保护我们的人）的爱来比较一下。这些亲爱的人，他们绝对不会伤害我们，只会给我们满满的爱。我们就算和爸爸妈妈在同一屋檐下一起住一辈子，也不会受到伤害。爸爸妈妈不会利用我们来谋取利益，所以我们可以生活得很安心。比如，没有哪个爸爸妈妈会向小学生要饭钱和房费。爸爸妈妈们用无私的爱照顾着孩子，是我们应当感恩的人。

而视频网站呢？游戏公司或者社交网络公司又是怎么样的呢？看起来像是很爱小朋友一样，费尽心思地想让小朋友开心。但是，这份爱是有条件的。

视频网站想要靠小朋友来挣钱。它给大家的爱，是由能挣到多少钱来决定的。为什么？因为它是家公司。

视频网站是由公司运营的。所谓公司，就是要目标明确地追求利润，也就是我们所说的利益。赚钱是公司不可改变的目标。对于视频网站来说，虽然小朋友们的幸福很重要，但金钱也同样重要。如果问视频网站，两者哪个更重要，它肯定会难以抉择。如果将利润和小朋友的幸福放在天平的两端，它会苦恼该如何进行衡量。

那小朋友们又是怎么样的呢？妈妈和钱，哪个更重要？会毫不犹豫地回答“妈妈”吧。如果有人说给你一大笔钱，要买和你们一起生活很久的宠物；再比如，如果有人提出，只要你不再和好朋友见面，就可以给你很多钱。你会接受吗？不会吧。我们会立马把递过来的钱扔掉。这正是因为爱。因为我们爱着宠物和朋友，所以钱会显得微不足道。这才是真正的爱，也是无条件的爱。钱或者其他东西都换不来的，才是真爱。

视频网站、游戏公司、社交网络公司的爱并不单纯。他们的爱是有条件的。因为有钱可赚，才会对大家表现得亲切而已。为了让大家花钱订阅或者观看广告，才会对大家百般讨好。

大家可以去爱游戏或社交网络，但不要爱得太深。因为它们不像小朋友那么善良。视频网站和游戏就算是大家的朋友，它们也不是真正的朋友，而是有点危险的朋友，这位朋友可是一直在计算着利益得失。它们本身不是很坏，但为了公司的利益，这是它们必然的选择。

2. 视频网站会担心小朋友的未来吗?

我们来更具体地谈谈小朋友会受到的伤害。有个孩子，整日里只玩游戏，也不去学校，玩得眼睛发涩，身体也日渐消瘦。他的爸爸妈妈会怎么做呢？当然是要劝阻，要说服他停下来。为什么呢？因为放任不管的话就会上瘾。上瘾可能会毁掉孩子的未来。

网瘾会让聪明的人智商下降，让我们对读书失去兴趣，再也感受不到和朋友们追逐玩耍的快乐。就像睡美人，孤零零地沉睡在森林深处的房间里，网瘾中毒的孩子，孤零零地在房间里独自玩着。长此以往，10岁开始上瘾的话，可能到了二三十岁还是一个网瘾患者，整天以玩游戏度日。网瘾会把孩子的未来毁掉。

所以，要在现在及时阻止。在成瘾之前劝阻和说服你的，才是真正爱你的人。爸爸妈妈当然会这么做，如果是真正的朋友也会进行阻拦。而游戏公司呢？会拦着你不让你玩太久吗？视频网站又会怎么样？会训斥孩子整天看视频吗？

在视频网站和游戏公司，有一群优秀的大人在那里工作，他们中的很多人都很善良、温柔和聪明。但如果这些大人看到自己的孩子每天看10多个小时的视频网站，会开心地拥抱他们吗？如果这些大人看到自己的孩子从早到晚沉迷在游戏里，会抚摸着他们的头，鼓励他们更加努力吗？不会的。显而易见，他们一定会极力制止。出于爸爸妈妈对孩子的爱，他们必然会这么做。但视频网站不一样，游戏公司也是，它们很少会强烈地劝阻孩子们停下来。

视频网站和游戏公司不会担心大家的未来。即使小朋友的人生受到了很大的损害，它们也不会将其作为自己关心的重点。它们希望孩子们能长时间地玩游戏和看视频。之前说过了，这不是因为它们很坏，只是被追求利润的天性驱使。

对于不在乎我们幸福的视频网站、游戏和社交网络，不能太过于喜欢他们。相反，要保持警惕，它们是长时间交往会带来危险的朋友。大家会因为上瘾而毁掉人生，而视频网站却不会遭受任何损失。这种危险的家伙，要小心才是。如果放松警惕爱上了它，以后一定会后悔的。

3. 和爸爸妈妈一起制定规则

但这也并不是完全不可以碰它们的意思。在21世纪，不接触视频和社交网络，几乎是不可能的事情。但是要记住，我再强调一次，视频网站和游戏公司是不会真心爱大家的。所以，请大家也要克制自己的爱，并且保持警惕，这样才安全。解决的办法是制定规则。和爸爸妈妈商量后，一起来制定规则，这是最有效的方法。

我来举个例子。暑假定下玩电子产品的时间，如果一天可以看1个小时视频或玩1个小时游戏，一周7天加起来就是7个小时。平日的使用权，可以积累。

也就是说，在暑假如果周一只玩了30分钟的电子产品，剩下的30分钟可以攒起来周末使用。如果周一至周五的5个小时都省下来了，那周末就可以玩7个小时。像这样定下使用时间的总量，孩子们就能学会自我调节。

和爸爸妈妈商量并制定好规则后，就去享受电子玩具吧。制定规则，孩子们也可以受益。因为在规定的时间内可以不受爸爸妈妈的干涉，尽情地玩。可以摆脱争执，找回家庭的和睦。所以现在就去找爸爸妈妈，来制定规则吧！

我虽然爱你们，但无法
对你们的未来负责！
不好意思！
视频网站
哼！叛徒！

Lesson 06

一定要有远大的梦想吗？

Q. 爸爸妈妈都说，应该心怀远大的梦想，有远大的目标才能学习好。医生、科学家、大学教授这些都是远大的梦想，或者成为大公司的职员也很好。但我根本不了解这些人是做什么的，莫名地讨厌这些职业。比起这些，我更想成为制作和售卖美味面包的面包店老板，我特别喜欢面包。但是爸爸妈妈好像不喜欢我这样。大人为什么非要我有伟大的梦想才行呢？太郁闷了。

A. 很多爸爸妈妈都会说，要有远大的梦想。为什么这么说呢？我们来聊聊爸爸妈妈心里是怎么想的吧！

1. 爸爸妈妈让我们拥有远大梦想的理由

爸爸妈妈要求孩子要有远大梦想，理由主要有两个：

第一，是因为他们相信远大的梦想有助于学习。事实也正是那样，梦想远大了，才会努力学习。假如目标是成为第一名，那肯定会努力地学习，但如果梦想是成为100人中的第95名，那就不是非努力不可了。所以，远大的梦想可以让人努力学习这种想法，是没有错的。

爸爸妈妈要求我们有远大的梦想，还有另外一个原因。虽然有些难以启齿，但也是事实，那就是为了挣钱。爸爸妈妈认为，如果孩子的梦想太渺小，以后会过得很艰难。大人喜欢的医生、科学家、大学教授等，这些都是稳定的职业。稳定的职业是什么意思？指的是不需要为生计担心，可以保持稳定的收入的工作。

虽然不是全部，但在一些爸爸妈妈心目中，钱是非常重要的东西。这些爸爸妈妈就会近乎强迫地要求孩子选择挣钱多的职业，这样孩子不可避免地会受到伤害。孩子想要成为制作面包的糕点师，爸爸妈妈却非要让他成为给人做手术的医生。孩子内心承受着这种压力，必然会觉得不舒服。

在此，我要坦白一件事情。记忆里我也曾经低估过自己孩子的梦想。那是我现在在上大学的孩子小学四年级时发生的事情。那时，我的孩子忽然对电影产生了兴趣。除了动画片以外，还开始找一些关于机器人和外星人的电影来看，并且喜欢和朋友们一起谈论电影。孩子说以后想要从事和电影相关的工作。心中暗暗担心的我，在某一天吃饭的时候，跟孩子说了这样的话：

“不要梦想成为影评人，明星也不行，因为会过一辈子的苦日子。”

影评人是针对电影的好与坏进行评论的人。业界存在着很多非常优秀的影评人，但我却认为这个职业的收入不够稳定。

明星也差不多。能成为明星的只有极少数的人。很多人都怀着成为明星的梦想，现实里却过着坎坷和贫穷的生活。在这样的想法驱使下，我认为自己需要提前叮嘱孩子，不要梦想着一夜成名或者从事不稳定的工作。当时，我的孩子流露出了非常失望的表情。当我说也不可以成为音乐评论家时，他好像也露出过类似的表情。

现在想想，是我错了。那时的我不知道，小朋友有权利拥有任何梦想，不管是面包师还是舞蹈家，什么都可以。科学家也好，想要成为电影导演或者短视频博主也好，完全没问题。梦想应该是自己所希望的。受到别人强迫的梦想，已经不是梦想了。只有开心地追逐自己真心所愿的梦想，人生才会变得快乐和美好，这是我之前没能认识到的。

2. 让爸爸妈妈安心的方法

如果爸爸妈妈强迫你成为医生，就这样说：

“对不起，我不想当医生。我想当一个面包店老板，我会做出全国乃至全世界最好吃的面包。不用担心，我的面包店会很有名，会有很多的客人。”

这是在保证：我会珍惜我的梦想，并会为之努力。非常好，当爸爸妈妈听到这些话后，会如何反应？他们会不禁发出感叹，并给你鼓励。但相反的，有些爸爸妈妈可能面色变得阴沉。有梦想是很好的，但他们担心你会过早地放弃学习。这时候，也有办法可以让他们放下心来。

“我不是要放弃学习。我会特别努力地学习科学，因为只有这样才能做出更营养美味的面包。而且，我还知道如果想要进军海外市场，学好英语是必不可少的。为了以后成为一名优秀的面包店老板，我会努力学习的。”

这样说的话，爸爸妈妈的表情就会变得晴朗，还会为你拍手叫好呢。

我有5个梦想。
① 今天晚上吃炒年糕。
② 下周吃糖醋肉和炸酱面。
③ 1年后吃汉堡。
④ 减肥之后……
⑤ 10年后成为大学生。
啊，你的梦想都是吃的吗？
很宏伟啊！
也算我一个！

· 第三章 ·

完善学习习惯的实用方法

Lesson 01

要学的东西太多，让人“亚力山大”

Q. 这不是摧残儿童吗？英语、数学、语文、科学……要学的东西太多了。真是“亚力山大”。要学的东西多得像山一样，该怎么办呢？

A. 要学的内容不能太多。即使算不上是摧残儿童，也确实是个问题。首先，减少学习量是当务之急。最好如实地告诉爸爸妈妈，和他们一起商量。

但也有不得已的时候。当学习的内容很多，又不得不学的时候，最重要的是要尽可能地减轻学习的压力。

我综合参考了多位教育学家的建议，来介绍减小压力的方法。

1. 先解决最不想做的部分

我们来看个有点吓人的英语句子——“Eat That Frog!”意思是“吃青蛙”。这是美国一本很有名的图书的名字。讲的是，如果吃掉了青蛙，就可以痛快地完成学习这种我们不喜欢做的事情。啥？为了学习要吃掉青蛙，可真是个可怕的说法。放心，不是真的让我们把青蛙做成菜吃掉，这只是一个开玩笑的比喻罢了。“青蛙”指的是“最不想做的事情”。如果有喜欢青蛙的小朋友，请体谅一下。在这里，我们把青蛙看作滑溜溜、让人感到不适的动物。对大家来说，每个孩子所讨厌的像青蛙一样的科目，都各有不同吧。有的人不喜欢数学，有的人讨厌英语或语文，有的人一看到科学这个科目的课本就感到厌烦。

但按照什么顺序学习比较好呢？最先把像青蛙一样讨厌的科目学完吗？或者放在最后去学？一般都会拖到后面吧？很多孩子会把最讨厌的拖到最后，但这并不是一个好的方法。因为我们会怀着沉重的心情去学习，就像学习的时候书桌上坐着一只大青蛙一样。

不喜欢的事情不要拖延，放在最开始去解决。鼓起勇气，先把青蛙吞下去。那么接下来的心情就会变得轻松，学习的压力自然也就减轻了。

2. 换个场所学习

这是很多教育专家都推荐的方法。当我们持续在同一个地方学习，对环境会逐渐变得熟悉，紧张感会下降。可以尝试换个新的环境学习。

你可以选择坐在人流密集的市中心街道附近学习，也许注意力更加集中，但这种方式一般不适合大多数人。如果坐在路边不方便，可以坐在公园或小区的长椅上。如果是在家里，可以尝试换到客厅，这样更有利于学习的时候集中精力。而且，爸爸妈妈也和自己一样没法看电视了，心里是不是有点痛快？

可以尝试在爸爸妈妈的卧室、阳台等不同的地方学习。带着新鲜的感觉，学习会更高效。可以在散步的小路上或者客厅里，边来回踱步边背诵学习内容。虽然别人看到会觉得有点奇怪，可能会被吓到，但对学习却很有效。对了，为了防止跌倒，可不能边走路边看书哟！

要学的内容太多，觉得压力大的话，不妨换个学习场所，会有新的感受，精神也更能集中。

3. 想象美好的回报

令人疲惫的学习结束后，会发生什么好事情呢？想象一下的话，可以减轻学习的压力。

写完作业后，心情会变得轻松。是不是就像在空中飞翔一样爽快？就是想象这种感觉。虽然此刻坐在书桌前很痛苦，但30分钟后，就可以舒舒服服地躺在床上了。这么想的同时，就产生了抵抗学习压力的力量。

此外，结束学习后，还能得到爸爸妈妈的鼓励和夸赞。不要忘了，还可以玩游戏或者和朋友聊天哦。写完作业，我们就获得自由了。此外，还可以想象一下遥远的未来，自己乘坐着宇宙飞船，飞离地球去探索无尽的宇宙。多解决一道数学难题，就离这个梦想更进了一步。

当因为学习感到痛苦的时候，在脑海中想象一下结束后的回报。只要记得还有轻松的休闲时刻在等待着我们，学习的压力就能一下子减轻很多。

4. 别想太多，直接开始学习

开始学习真的很难。如果学习的内容很多的话，更是如此。一打开书本就唉声叹气，把时间浪费在发愁上的孩子不在少数。

但要记住，推迟学习，只会增加压力。拖延的期间，心里该多么郁闷啊，就像是胸口放着一块沉甸甸的大石头一样。

这个时候，是有解决方法的。不管三七二十一，直接开始。摒除所有的想法，直接开始。想想比赛时间一到，就毫不犹豫地跑向运动场的足球运动员们；或者想想现场直播的时候，勇敢跳上舞台的偶像们。我们也来这么做，喊完“一、二、三”直接就开始学习。

这样就可以减少痛苦。因为不想学习而哀叹的孩子，过了20分钟也无法忘记痛苦，这是经过很多科学家验证过的，也是我们都有过的亲身经历。直接开始学习，就可以忘记学习的痛苦。不要想太多，直接开始学习，这是减轻学习压力的第四个方法。

我来帮你减轻
学习压力！
先解决掉最
不想做的
换个学习场所，
转换心情
想象一下学习后
的美好回报
就像参加现场直播的偶像一样，
不要害怕，直接开始学习
啊！“亚历山大”！
看看上面。

Lesson 02

成为“学霸”的秘诀是?

Q. 我在电视上见到过天才儿童。不管是什么,只要看一遍就能记住,再难的东西都能理解。好羡慕啊!如果我也什么都能理解,什么都能记住,那该有多好。我也想成为那样的学霸。有什么办法吗?请一定要告诉我。

A. 虽然我很怀疑,是否真有这样的天才,但我还是会回答这个问题。虽然,我不能真的把人变成天才,但我却可以帮助大家拥有强大的学习能力。想要让学习变得更加简单和有趣,大家只要拥有下面这三个想法就可以了。

1. “这个真的很重要！”

只要有了“这个真的很重要”的想法，我们就距离学霸更进了一步，学习的内容就会很容易地进入大脑。来这样想想看：

“啊！这可真是非常重要的内容。”

“数学分数提高了，我就能变得更幸福啦。”

“不能搞不懂这个，一定要理解它。”

我们需要认为现在所学的东西很重要，这样大脑就会自动地吸收相关的内容。神奇的是，我们并不需要特别努力就能做到。因为我们的大脑会自动地学习。

相反的话，就糟糕了。如果我们认为学习的内容不重要，大脑就会“砰”地把大门关上，我们就会很难理解和记住这部分内容。

“这有什么重要的？！”

“学习这些干什么？！”

“老师又在讲没有用的东西了……真烦人。”

如果我们持有以上这些否定的态度的话，会怎么样呢？大脑会塞住我们的耳朵、蒙住我们的眼睛，让我们完全记不住课上的内容。

大家都拥有魔法，就像是为灰姑娘变出南瓜马车的精灵一样。你们的魔法可以让大脑产生惊人的变化。方法也很简单。只要去想“这个真的很重要”，平凡的大脑也会变成了不起的大脑。

2. “这是为什么？”的好奇心

创造天才大脑的另一种方法，就是要保持好奇心。无法克制地想要了解某些知识的心情，就是好奇心。拥有好奇心的孩子会大量地吸收知识。

“为什么会下雨？”“为什么吃糖牙齿会坏掉？”在好奇心的驱使下，我们的科学知识会迅速地增长。此外，会问出“0除以0是多少”的孩子往往拥有超凡的数学能力。

我们来举一个更有趣的例子。因为是关于肉的故事，所以请素食主义的小朋友谅解一下。有一个孩子正在边吃炸鸡，边看关于恐龙的书。这时，他忽然产生了好奇的想法“恐龙会是什么味道的呢”，于是，他带着疑惑，问朋友道：

“恐龙是什么味道的呢？你不感到好奇吗？”

旁边的朋友露出了一脸不可思议的表情：

“为什么会好奇这个呢？恐龙都已经灭亡了，没法知道它们的味道。不要乱想些没用的了。”

但其实并不是这样的。虽然我们没有机会吃到恐龙肉，但用科学的办法推理出恐龙的味道也不无可能。我们的好奇心并不是无用的乱想。根据美国的杂志《史密森尼》（*Smithsonian*）所刊载的题为“恐龙是什么味道？”（*What Did Dinosaur Taste Like?*）的文章中介绍，肉的味道是由多种因素所决定的。例如，根据动物肌肉的成分、动物的进食习惯、体内激素等因素的不同，肉的味道会有所不同。所以，不同的恐龙味道也各不相同。想象一下我们吃可怕的肉食恐龙——霸王龙的场景吧。

会是什么味道呢？其实大家已经尝过霸王龙的味道了。很多科学家都认为霸王龙的味道和鸡肉差不多。不是牛肉，也不是猪肉，霸王龙是鸡肉味的。

已经知道这种说法了？那让我们来听听，其他科学家的不同意见。有些科学家认为，比起鸡肉，霸王龙的味道和肉食性鸟类，例如老鹰的味道更为相似。虽然我们一辈子都不会吃老鹰，但如果有机会可以尝尝火鸡。据说，老鹰比火鸡的深色肉尝起来味道更冲一些。那个味道就和霸王龙肉相近了。

如果我们对恐龙肉的味道产生了好奇，就会去查找资料，积累到非常神奇有趣的知识。好奇心能让大家变得更聪明。我们阅读课本的时候也能产生好奇心。下面是某科学读本中的句子：

大部分企鹅在南极地区寒冷的海水里捕食鱼类、鱿鱼等。

怎么样？不好奇吗？“大部分”是个问题。为什么是“大部分”？好奇心旺盛的孩子是不会放过这个词语的。他们会这么想：

“为什么书上写的是‘大部分’呢？除了南极，企鹅还生活在其他的地方吗？”

虽然很多小朋友知道答案，但如果是对企鹅不太了解的小朋友，这种好奇心就会对他们大有帮助。只要上网搜索就能得到答案：在澳大利亚南部和南非也生活着企鹅，有的企鹅甚至生活在炎热的赤道附近。

好奇心旺盛的孩子，知道的知识更多。好奇心就像是饥饿感，肚子饿了会吃更多的食物，感到好奇就会吸收更多的知识。

培养我们的好奇心吧，一边读书，一边想着“为什么会这样”。因为好奇心能把大家变成天才。

3. “这有点奇怪”的想法

我们读书的时候，有时会产生“这有点奇怪”的想法。这种想法，也能把我们的大脑变成天才般的大脑。

例如，读了童话故事《吹笛人》[1]后，有的小朋友感到很奇怪，提出了这样的疑问：“吹笛子的男人随便就把孩子们带走，那他不是个坏人吗？”

当然，也会有不同的意见。有人会说：“是村子里的人先欺骗了吹笛子的男人，违反了约定，所以男人做出惩罚是应该的。”这种情况，一般都是在偏袒吹笛人。

但是，可以提出这样的疑问“这很奇怪。因为这样就把孩子们都带走，不是很过分吗”，还可以提出“村子里的人做了坏事，那吹笛人也要做坏事吗”，这也是很好的问题。如果想象一下与爸爸妈妈分开的小朋友的心情，很自然地就可以想到这些问题啦。

---

1 很久以前，德国的一个村落发生了严重的鼠患，一个吹笛子的男人自称能除鼠患，村民许以重酬，以除鼠患。事成后，村民反悔，没有兑现承诺，吹笛人离去。不久后，吹笛人将村子里的孩子们诱至一个山洞内，这些孩子从此再也没在这世界上出现过。

我的意思不是说一定要把吹笛子的男人看成拐骗儿童的人，而是希望大家不要盲目地跟随别人的想法，要抱着怀疑的态度重新进行思考。像这样，当我们觉得“这有点奇怪”的时候，视野就能变得更宽广，智力也能得到提升。

Lesson 03

世界上最好的学习方法是什么？

Q. 有很多人推荐过各种各样的学习方法，这些所谓的好的学习方法让人眼花缭乱，能不能只找出一个世界上最好的学习方法告诉我。

A. 好的学习方法确实有很多，只选择其中一个的话，我会推荐“取出记忆学习法”，专业一些的说法叫作“提取记忆学习法”。这可不是我自己随便选择的，提取记忆的学习方法是世界上许多教育学家和脑科学家一致认可的最佳学习方法之一。

★动物世界的记录保持者

陆地动物中短跑速度最快的是猎豹，可以达到每小时120千米。但它的优势只能体现在短距离奔跑中，如果几百米之内没能抓住猎物，就会因力气耗尽而不得不放弃。世界上跑得最快的鸟是鸵鸟，它的奔跑速度可以轻松达到每小时70千米。鸵鸟的翅膀很大，却由于太过沉重而无法飞翔。

鸵鸟也有羡慕的鸟类。黑白兀鹫是吉尼斯记录所记载的“飞得最高的鸟”。1973年，一架飞机在海拔11200米的高空飞行时与鸟类相撞，飞机上残留的羽毛正是黑白兀鹫的。这是一种可以飞得比世界最高峰——珠穆朗玛峰（8848.86米）还要高得多的鸟。

还有许多虽然不能飞但可以跳得很高的动物。美洲狮可以从原地跃起5.5米高，它拥有哺乳动物中最强的跳高能力。但是，它有一个强大的竞争对手——跳蚤，可以跳到自己身高200倍的高度。

哺乳动物中，在水中潜得最深的是抹香鲸。抹香鲸在水深3000米的海底可以憋气约一个小时。

听力最好的动物是蝙蝠。蝙蝠的视力虽然退化，但仍然可以自由地飞翔。这就像是人类闭着眼睛，在马路上快速地奔跑一样不可思议。蝙蝠是怎么做到的呢？蝙蝠可以通过自己发出的超声波反射回来的声音，准确判断出周围食物或者障碍物的位置。所以说，蝙蝠是用耳朵看世界的。

内容虽然很有趣，但有点复杂。假设我们明天要对这篇短文里的内容进行考试。如果看一遍记不住，大家会怎样做呢？可能有人会反复地读两三遍吧，这也是个不错的学习方法。

1. 提取自己的记忆

当然还有更好的学习方法。读书时先读一两遍后，把书合上，然后把记住的内容一个个地讲出来。就像掏出书包里的东西那样，把记忆取出来。

小朋友们可能会这样来回忆：

最快的陆地动物是猎豹，奔跑的速度是时速120千米。鸵鸟的速度是时速70千米。不过，飞得最高的鸟是什么鸟？嗯……想不起名字了。美洲狮是最擅长跳高的哺乳动物，蝙蝠是动物界的听力冠军。还有种鲸鱼能在很深的海底憋气一个小时。鲸鱼的名字叫什么来着？不记得了。

通过这种方式来检查记忆，可以准确地了解到自己已经掌握和尚未掌握的内容。接下来，只要专心地学习还没掌握的部分就可以了。本书的其他章节中所介绍的“看别的地方”的方法，和“提取记忆学习法”相似。

2. 讲给自己听

我们还可以将“提取记忆学习法”进行变形，就是把学会的内容讲给自己听，自己像老师一样去讲课。这是个非常有效的学习方法。

首先，想象自己正在照镜子，自己本人是老师，镜子里的自己是学生。然后这样来讲课：

“今天，我来介绍一下动物世界的冠军们。知道跑得最快的陆地动物是什么吗？是的，是猎豹。猎豹能以每小时120千米的速度奔跑。那可是相当于在高速公路上行驶的汽车的速度。还有鸵鸟……”

像这样来讲就可以了。通过给自己讲课，可以清楚地记住很多的内容。

我们再来举一个例子。假设我们在科学课上学习了叶子的结构。如果自己一个人背“叶子是由叶片和叶柄组成的，叶片里有叶脉和气孔”，那会很无聊。让我们来想象一下讲课时的情景，来自己讲给自己听：

“我们来认识一下叶子。这个部分就是叶片。叶片上面，看着像细线的部分叫作叶脉。虽然肉眼看不见，但叶片上还有许多小洞，空气会从小洞中进进出出，它们叫作气孔。另外，这里长长的叶柄是用来连接茎部和叶子的。”

像这样，把自己的记忆一个个地提取出来讲给自己听，就能加深对叶子的理解和记忆。

大家不要错误地认为反复地阅读书本和记笔记是最好的学习方法。合上书，把自己脑海中的记忆提取出来的方法才更加有效。背英语单词或者做数学题的时候也是一样的。提取出记忆的同时，检查一下自己知道什么、不知道什么。这才是世界上最好的学习方法之一。

如果想让学习变得更有趣，就提取出记忆讲给自己听吧。当然，讲给朋友或者爸爸妈妈听也很好。讲课的过程中，知识就变成了我们的一部分，绝对再也逃不掉了。

提取记忆学习法

读书

合上书，一个个地提取出记住的内容并讲出来

再次读书

再次把书合上，提取出记忆并讲出来

吃着好吃的零食，舒舒服服地休息，结束

Lesson 04

该如何提问？

Q. 耳朵要磨出茧子了。老师经常说要多提问题，但提问题一点都不简单。我想不出有什么好问的。不仅是我，我的朋友们也都差不多。请问有没有可以教人提问题的好方法？

A. 快要磨出茧子的还有大人的嘴巴，因为总在不停地唠叨希望孩子多提问题。尽管如此，孩子还是不怎么提问。是因为孩子太任性吗？不是的。是因为提出问题本来就是一件很困难的事情。提问也是有方法的。知道了秘诀就能轻松地问出更多的问题。下面，就让我们来一一介绍吧。

1. 围绕含义、原因、举例进行提问

一般情况下，我们可以从含义、原因和举例三个方面向老师进行提问。

假如有个小朋友想要问关于放屁的问题。

“老师，什么是放屁？”——含义

“老师，为什么每个人放屁的味道、声音大小都不一样？”——原因

“老师，请问有没有可以减少放屁的方法？”——举例

★关于放屁的小知识

屁是食物发酵时所产生的气体，是由二氧化碳和甲烷等400多种气体组成的。含义

有些人放的屁味道很浓，很可能是因为吃了肉类食物。据说吃肉食比较多的西方人，打嗝和放屁的味道也比较浓。而且，放屁声音的大小可以用屁的排出压力乘以排出量，然后除以肛门的直径来进行量化。简单地说，如果有人用力地放出大量的屁，放屁的声

音就会很大。如果肛门直径比较大的话，放屁的声音就会比较小。原因

如果想要减少放屁的次数，一种方法是少吃东西，另外一种方法是吃饭的时候尽量少说话，减少气体流入。举例

但是，如果完全不放屁，就意味着生命活动停止了。换句话说，放屁是生命的象征。[1]

2. 哲学性的问题也很酷

也并不是一定要问含义、原因和举例之类的问题。而且，除了学习以外，还有很多重要的问题可以问。当我们在学校和家里有了任何疑问，都可以随时提出来，也可以提一些深刻的、哲学性的问题。

例如这种情况：

“老师，人生中最重要的事是什么？”

1 此处概述了韩国报纸《东亚日报》2017年8月14日所刊登的报道《关于放屁的4种传言》。

“如何才能获得幸福？”

“为什么爸爸妈妈经常责骂我？”

“不经常责骂孩子的爸爸妈妈就是不爱孩子吗？”

如果问出以上这些问题，老师和爸爸妈妈会感到大吃一惊，并且会跟小朋友们进行一场深入的谈话。通过提问，可以建立幸福的关系。

老师，虽然我怕大家会取笑我，有点不好意思。但我还是想问，人生中最重要的事是什么？
这可真是个很酷的问题。
嗯？怎么问得这么突然？
我也想知道！

Lesson 05

如何在课堂上集中注意力？

Q. 我上课的时候总是无法集中注意力。我也想认真听老师讲课，可不管怎么努力，总是在不知不觉间就走神了。我该怎么办？

A. 话说有个瘦瘦的小朋友，总是找借口拒绝妈妈递过来的饭。让人很是担心他不知道什么时候就会病倒。

还有个上课总是走神的小朋友，在课堂上想起前一天朋友讲的笑话，不禁眯起眼睛偷笑。还有的小朋友注意力全部放在了挖耳朵或挖鼻孔上。

像这样散漫地学习，和挨饿是一样的。拒绝老师教给的有趣的知识，同样让人担心。因为不知何时，学习的自信心就会一落千丈。想要知道如何在课堂上集中注意力？我来告诉大家以下几个方法。

1. 想象老师的心情

老师们可不是毫无准备地就站上了讲台，而是做了充分的准备后才来教大家的。准备些什么？老师们要精心制定讲课计划。比如“今天要教孩子们什么？要怎么教？”“怎么讲才能更有趣一点？”“这么讲孩子们觉得无聊怎么办呢”，等等，老师们要不停地思考这些问题。决定好讲课内容后，还要站在镜子前进行练习。

老师们的表情、肢体动作、每一句话，都是给大家的礼物。想象一下老师们为了制定计划和编排课程，该有多么辛苦。这样去想，注意力就会提高了。

2. 让时间过得快一些

同学们不知道自己拥有超常能力，经常忘记自己其实可以操控时间的流逝速度。在心里对自己这么说说看：

“我拥有超常能力！”

“如果集中精力听老师讲课，感觉课堂教学很快就结束了。”

不集中注意力的话上课会变得很无聊，会觉得时间就像停止了流动一样。但是，当我们一直用眼睛追随老师讲课的动作，侧耳倾听老师的话语的时候，时间就会过得飞快。只要集中注意力，就感觉课堂教学很快结束。要相信自己的超常能力，为了早点放学回家，也要集中注意力听讲。

3. 事先解决掉让自己分心的事物

把零食、课外书，或者其他任何在课堂上妨碍我们集中注意力的东西，都从眼前清除掉；也包括喜欢在课堂上开玩笑的朋友。不是说让大家和朋友决裂，而是要提前跟朋友说好，上课的时间不要开玩笑。

4. 下定决心变聪明

让我们下定决心，在课堂上集中注意力，让自己变得更加聪明、更加睿智。对自己这么说吧：

“我上课时要专心听讲，变得更聪明。”
“我会让妈妈吓一跳！”
“我要变成天才科学家，然后复活恐龙。”
“让恐龙在学校操场上奔跑玩耍。”

我们会因为不明确学习的目标而无法专心地听课。反复思考几遍自己的学习目标后，就可以集中注意力了。

5. 积极参与课堂活动

让我们在课堂上集中注意力的方法中，还剩下最好的一个——积极参与课堂活动，这样做的小朋友更容易集中注意力。我们要多协助老师，认真回答老师提出的问题，回答错了也没有关系。遇到不明白的地方，要毫不犹豫地举手提问。像这样积极参与到课堂活动中，就没有时间去胡思乱想了。

“连这种简单的问题都问”，怕同学们会这么看自己，觉得有压力吗？不要担心，这都是大脑的错觉，可能其他小朋友心中也有疑问，只是他们不敢提出来而已。提问题不是让人感到羞耻的事情。

6. 练习快乐

让我们变得快乐起来，这样注意力也会提高。快乐是什么？忘记昨天难过的事情，心情就会变得愉悦；不去想明天的忧愁，心情就会变得开朗。这就是快乐。享受当下的人，是最快乐的。后悔和担心是蜘蛛精，被蜘蛛精抓住的话，就会被牢牢地捆在蜘蛛网上，无法挣脱。让我们放下后悔和担心，这样，老师的话就能顺畅地传入我们的耳朵里了。

好了，如何在课堂上集中注意力的方法，大家都了解了吗？

现在我是主角！
都看这里！
老师是最棒的！
哇啊啊啊！

Lesson 06

总会冒出妨碍学习和休息的想法

Q. 有个坏家伙总是妨碍我学习，它就是没用的杂念。当我自己在家里学习的时候，总会冒出各种各样的想法，使我没法集中精力看书。而且，不仅是在学习的时候，当我在休息的时候，也会忽然冒出不好的回忆，本来美好的心情都被毁掉了。有什么办法可以赶走这些奇怪的杂念吗？

A. 假如我们正在享受美食的时候，忽然想起昨天被朋友冤枉的事情来，肯定会立刻失去胃口吧；又或者，当我们正在看搞笑视频，忽然想起隔壁班的小朋友取笑自己外貌的事情，心情肯定会立刻变得低落吧。只有赶走这些闯入脑海的杂念，我们才能变得快乐。下面，就让我来介绍一下具体的方法。

大脑是个奇怪的家伙

首先，我们要知道大脑是个很发达且复杂的家伙。每个人都有一个大脑，有了大脑我们才能记忆、理解和推理。但是，我们所感激的大脑却很特别，就像“汪汪”叫个不停、还经常闯祸的小狗一样。大脑会产生我们意愿之外的想法，让我们觉得很烦恼。

我们来举个例子。有个小朋友正在学习语文，这时大脑突然开始自己思考。“昨天吃的点心可真好吃，想想就流口水。明天再去买来吃吧，真希望明天能快点到来……”

本来正在学习的小朋友，脑海里不由得就冒出了点心的事情。这不是小朋友的错，是我们的大脑自己产生了这些想法。

此外，在读书的时候，大脑也不会消停，一不留神就开始胡思乱想。“真想玩手机游戏啊！读什么书呀，一点意思都没有！但是玩游戏被发现的话，肯定会挨骂的。妈妈可真讨厌！”明明没有开始玩游戏，也没有挨妈妈的骂，但却开始责怪妈妈了。其实什么事情都没有发生，全都是自己的想象而已，这些想象全是我们的大脑编造出来的。

大脑还会产生更令人讨厌的想法，这些想法会让小朋友独自在房间里瑟瑟发抖。它会把这样的想象植入小朋友的脑海里：

“晚上可能会忽然出现鬼怪。”
“床底下肯定住着个黑色大怪物。”

每个人小时候都有过这样恐怖的想象，但其实世界上根本没有鬼，怪物也不可能钻到狭窄的床底下，都是编造出来的。那是谁编造出了这些想象？我们是无辜的，没有人愿意想象这些可怕的东西，这是来自大脑的恶作剧，是大脑擅自编造出来戏弄我们的。

我们的大脑就是这么奇怪的家伙。编造出乱七八糟的杂念，吵得我们心烦意乱。正是因为有了像小狗一样“汪汪”乱叫的大脑，我们才会难以集中精力。

不要讨厌自己。“我没法集中注意力，老是胡思乱想”，不要再这样自责了。都是大脑的问题。不要忘记大脑可是个又吵闹、又奇怪的家伙。那么，现在我们要准备好赶走杂念了。

我们该如何应对这个奇怪的大脑呢？如果想专心学习、安心休息，首先要无视我们的大脑，清除大脑产生的杂念。把关于夜宵、游戏、鬼怪的想法都删除掉，这样就会好很多。下面，我来告诉大家战胜杂念的三个方法。

1. 忽视掉大脑里嘈杂的声音

消除不安情绪是很重要的一点。我们学习或者休息的时候，会不由自主地冒出这样的想法：

“明天的考试考不好怎么办？同学们一定会嘲笑我的，老师也会讨厌我的。天哪，怎么办啊？”

这都是幻想。谁也不知道明天的考试会考成什么样，会遭到同学的嘲笑、老师的讨厌，这些全部都是想象，是大脑编造出来的故事。只有完全忽视它们，才能集中精力专心学习。万一不小心被大脑编造出的杂念缠住的话，那可就没法好好学习或者好好休息了。

2. 清点大脑恶作剧的次数

学习的时候，要对大脑的杂念恶作剧进行清理。每当冒出无用的杂念时，要对它说“不行”，在心中默念“停下来，要集中注意力学习”。

也可以在纸上做标记。每当大脑冒出杂念妨碍我们学习的时候，就做一个标记。等到读完书以后，看看自己一共走神了几次。坚持这么做几周后，注意力就能集中很多。

不过，并不只有大脑会妨碍我们的注意力的集中。外部的刺激也是个问题，电视声音、手机发出的声音、从客厅传来的家人的对话声都会妨碍我们集中注意力。所以，请把手机放在房间外面，并把房门关上。如果身边有干扰我们的事物，大脑会变本加厉地搞恶作剧，所以要尽量远离这些干扰。

休息的时候也一样，躺在沙发上，数一下让我们心情变得不好的想法总共出现了几次。如果我们把次数记录下来，大脑就会减少它的恶作剧的次数。

3. 制定明确的计划

为了集中注意力，还有一点是必须的。那就是制定学习计划。计划越具体越好，提前计划好自己几点前要做什

么。例如，下定决心6点之前做完15道题，然后再去好好地玩耍。每当出现杂念，要分散我们的注意力时，就对自己这么说:

“我现在很忙，6点之前要做完15道题！”
“等做完题之后，再好好玩。”
“现在没空想别的！集中注意力！集中注意力！”

这样，杂念就会灰溜溜地跑掉，我们的头脑会变得清醒，注意力会提高，学习也很快就能完成。

制定了计划，休息的时间也能过得更充实。例如，下定决心“从现在开始的1个小时内，我只休息和玩耍，什么烦心的事情都不去想”。忘掉朋友的玩笑，作业也先放在一边，像这样排除杂念，让自己彻底地放松休息吧，就如同做了一个好梦般惬意。

虽然我们不能没有大脑，但和大脑相处也并非易事。因为大脑是个会产生各种奇怪的想法，害得我们陷入担忧和后悔的奇怪家伙。不要陷入大脑编织出的假象，请直接忽略，并将它们删除。

清点大脑里的杂念折磨我们的次数也会有帮助，并且要制定一个详细具体的计划。这样，我们就可以更加专注地学习，尽兴地玩耍了。

砰
不要陷入大脑的恶作剧！
僵尸来了怎么办！
我再怎么学习也没有用！
朋友好像不喜欢我！
妈妈讨厌我！
明天要演讲，好害怕会出错！

Lesson 07

读书的速度太慢了

Q. 虽然爸爸妈妈说读书不要一味求快，但我读书的速度真的非常慢，是同学中最慢的。有时候别的同学全都看完书在休息了，只有我一个人还在继续。请问有快速读书的方法吗？

A. 爸爸妈妈说得对。读书不应该追求速度。只有按照自己的速度去阅读，才能感受到读书的乐趣，也才能更好地理解书里的内容。不要太关注别人读书的速度。当然，我理解你想和同学们步调一致的心情。想要跑得一样快，同时吃完饭，同一时间玩耍，这种想法并不奇怪。但读书真的不一样。再亲密的朋友也不可能做到读书的速度完全相同，保持自己的速度比什么都重要。

但这并不意味着没有快速阅读的方法。而且，偶尔也需要我们快速阅读。什么时候？遇到难理解的句子的时候。

1. 如果不明白，就读快点

当遇到了难理解的句子时，就需要我们调整阅读速度。一般情况下，我会建议大家慢慢地阅读。有一些有难度的句子，慢慢地多读几遍，就能理解它的含义了。显然，这是有效的方法。

但是，也有些专家持有相反的意见。他们认为只有快速阅读才能理解得更好。

我们应该按照适合自己的速度来读书。但是遇到了难理解的句子，就需要调整速度。第一种方法是慢慢地阅读。对于又长又难的句子，慢慢地阅读可以帮助我们更好地理解它们。但是，也有完全相反的第二种方法。有时候遇到难懂的句子需要快速地阅读，这样不仅能够提高我们的理解能力，还可以提高我们的专注力。

2. 读出声来，可以读得更快

但是，怎样才能快速地阅读呢？研究人员找到了一个简单的方法。可能很多小朋友之前也听说过，这个秘诀就是朗读。

遇到难懂的文章，请大声地朗读出来。发出声音的话，文章可以读得很快。不仅专注力会提高，记忆力也会更持久。

但是在图书馆里可不能出声朗读。还好只要是张开嘴巴，就能达到差不多的效果。我们可以尝试在读书的时候，默默活动嘴巴，不发出声音，同样可以快速地阅读。

对低年级的小朋友来说，用手指指着文字读也是个很好的方法。一边用手指在句子下面画线，一边进行阅读。这样，眼睛的关注力就会落在书本上，读书的速度也就提升了。如果觉得手指碍事的话，也可以用铅笔或者书签来代替。

· 第四章 ·

解决学习中实际问题的方法

Lesson 01

课本的内容太复杂，请告诉我梳理的方法

Q. 总是忍不住想叹气，课本的内容实在太复杂了，我想认真读书却怎么也理不清楚。每次一读书，脑子里就乱成了一锅粥，有什么办法把它梳理清楚吗？

A. 如果大人认真读一下小学课本，也会被课本的复杂程度吓一跳。但幸运的是，我们有办法可以轻松地整理这些复杂的内容。只要仔细看一下目录和标题就可以了。有一些急性子的学生往往会跳过标题，那可就得不偿失了。大家都知道，如果我们想在饭店享受到一顿美食，就要从看菜单开始。读课本也是一样的。读课本的时候，只有静下心来认真阅读目录和大大小小的标题，才能更好地学习。

阅读单元标题有助于理清思路

我们以数学学到的除法来举例。例如，小学数学除法的种类共有几种？有本书将其总结为五种。如果我们浏览下表中的小单元标题，就能轻松地了解到。

数学除法小单元标题	示例
求（两位数）÷（一位数），能被十整除	20 ÷ 2
求（两位数）÷（一位数）	22 ÷ 2
求有余数的（两位数）÷（一位数）	19 ÷ 2
求（三位数）÷（一位数）	300 ÷ 3
求有余数的（三位数）÷（一位数）	331 ÷ 3

此外，我们还可以清楚地了解学习的进度。例如，当我们知道“我现在在学习五种除法中的第三个”时，就不会再感到迷茫了。哪怕学习的内容再难，心里也会觉得踏实。就像一位乘坐公交车的乘客清楚地知道自己将在第二站下车，心里会一直很安心。

学习语文也同样需要浏览标题。例如，学习小学语文的段落结构时，有位老师将这部分内容用大标题和小标题进行整理，表格是这样的：

大标题	段落的结构
小标题1	了解中心词
小标题2	了解中心句和背景句
小标题3	掌握段落的中心句和背景句，并阅读文章
小标题4	思考中心句和背景句，并应用于写作

是不是看起来有点复杂？让我们静下心来看一下。学习了几个重要的概念？仅有三个而已，只需要了解中心词、中心句和背景句就可以了。这就是全部内容。浏览标题可以让我们轻松了解学习的内容。

不仅是小单元，只浏览大单元的标题也会有很大的帮助。我们来看一下三年级第一学期的《科学》课本（人教鄂教版）的五个大单元题目，分别是食物与消化、溶解与分离、家庭用电、我们的呼吸、小小建筑师。那么在这个学期，我们就要学习这五种知识。

再让我们看看三年级第二学期的《科学》课本（人教鄂教版）有几个大单元，分别是土壤与岩石、种凤仙花、周围的空气、学习用品中的科学、物体的运动和动力小车。那么，我们学习完这六项内容后，就可以升入下一个年级了。

标题就像是指南针，告诉我们通往宝藏的方向。我们可以了解自己要到哪里去、从哪里出发、会走多远。如果忽略标题，看不清前面的道路，就会陷入彷徨。因此，让我们务必先从标题开始阅读。

Lesson 02

介绍一下
很有效的记忆方法

Q. 我一直有个困惑，苦于无人解答。学习过的东西，我想把它记住，但不知道该怎么记住。就像是放在眼前的面，想吃却不知道该怎么煮。请给我讲讲小学生应该采用什么记忆方法更有效，哪怕幼稚点儿也没关系。

A. 谢谢你的宽容，“幼稚点儿也没关系”这句话给了我勇气。我想要给大家分享六种记忆的方法。前三种是大家比较熟悉的基本方法，剩下的三种可能有些同学还不知道。那就让我们开始吧。

1. 首字背诵法

首字背诵法是世界上最受欢迎的记忆方法之一。就像“红橙黄绿青蓝紫”或者“金木水火土”这样，把每一项的第一个字串联背诵下来。这个方法既然在全世界享有盛名，自然就有它名副其实的效果。

大家都知道秦始皇在历史上功绩很大，要记住他的历史功绩可以用首字法进行背诵。大家跟我说一遍——“小灵半万度车”。

这是我独创的，和“小林傍晚堵车”的发音很像，是不是有点幼稚？但对背诵会有很大帮助，希望大家能试一试。秦始皇的功绩包括统一了文字，小篆成为全国通用的文字；统一了货币，半两钱在全国流通；统一了度量衡，全国计量长短、容积和轻重的标准一致；统一了车轨，车子左右两个轮子之间的距离全国相同；修建了灵渠和万里长城。把其中的关键词“小篆”“半两钱”“度量衡”“车轨”“灵渠”“万里长城”的第一个字摘出来，打乱顺序，编成“小灵半万度车”。

大家也按照自己的想法，把第一个字串成一句话，来背诵试试吧。那些复杂又冗长的信息，会很轻松地记住啦。

2. 不断地重复

小学课程中，我们会学习关于“岁时风俗”的内容。人们每年在固定的时间（岁时）里，会重复某些生活习俗，如清明节的时候扫墓祭祖、中秋节的时候赏月吃月饼、春节的时候贴春联。像这样根据不同的时节重复进行的风俗叫作岁时风俗。

但是，岁时风俗这个词语有点难，没那么容易记住。这种时候，只要多嘟囔几遍就可以了。当老师提到“岁时风俗”的时候，也跟着一起“岁时风俗、岁时风俗、岁时风俗”地快速重复。

试一下把数学课的重要内容也这样进行重复：

真分数的分子小于分母。真分数的分子。
假分数的分子大于或等于分母。假分数的分子。

觉得自己记忆力差的话，那就比其他同学多背诵三四遍。要对自己有信心，喃喃自语地重复，最终一定会记住的。

3. 边写边记

第三种记忆方法是书写。例如，课本上出现了“防患于未然”这样的词语，指在事故或灾害尚未发生时采取预防措施，这可不是容易记住的词。我们可以在笔记本上一遍遍地写下“防患于未然、防患于未然……”，这样，大家的大脑就会接受这个很难的单词。

这种方法是让我们不要只靠眼睛去记忆，要把我们的嘴巴和手也利用起来。像我们之前提到的，用嘴巴反复地读有助于我们记忆。同样的，用手书写也可以帮助我们记忆，英语、语文、数学、科学等所有科目都是一样。反复读、用手书写，都可以把陌生的词语转化成自己的知识。

4. 把视线从书本移开

把视线从书本移开也是有效的记忆方法之一。让我们先读一段话，读完后直接看别的地方，边看着书以外的地方，边把学到的内容复述出来，无论记忆深浅都要把它说出来。

我来举个例子。请大家阅读以下关于超强虫子的文字。

地球上生活着一种拥有超能力的动物。这种因生活在极端环境中而出名的动物叫作熊虫。它的身长不到1毫米，用8条腿慢慢移动的样子看起来像熊一样，因此被称为熊虫或者水熊。熊虫可以在冰库中存活几十年。日本科学家把南极发现的熊虫放至零下20摄氏度进行冷冻保存，30年后把温度重新升高后熊虫又活了过来。不仅是南极，熊虫还可以在太空中生存。欧洲科学家曾将熊虫暴露在宇宙空间中，熊虫安然无恙地返回了地球。熊虫可以承受的辐射强度是人类的数百倍，在极端的高压环境下也可以生存。由于以上原因，熊虫被称为最强超能力动物。

读完文章后，请将视线从书本移开，然后说一说自己还记得什么。是不是记忆有些模糊？那么，请再次阅读文章进行确认。这和前面提到的“提取记忆学习法”很像。

不看别的地方，把眼睛闭起来可以吗？当然可以。

那不看别的地方，看电视可以吗？当然不可以。我们先通过“看别的地方”把内容记忆下来之后再看电视休息，这才是正确的做法。

5. 画图法

这种方法也叫视觉化，需要我们在脑海中作画。

我们来举个例子。这是小学课本里的内容，介绍的是当我们遇到外国友人时应当如何去做。

询问对方有什么需要帮助的。
说话时面带微笑。
不要偷瞥别人。

想要把这些内容记住，最好的方法是在脑海中勾勒出一幅画面。想象一下自己给外国小朋友介绍某个景点游客中心位置的场景。脑海中描绘出自己面带微笑和外国小朋友交谈时的情景，以及他因为被人偷瞄而羞涩的样子。像这样在脑海中描绘出场景，能够帮助我们更好地记忆。

现在，我们在脑海中描绘一下旧石器时代是什么样子的？不要去死记硬背历史书上的内容，而是像画漫画一样将知识视觉化。请大家读一下下面这段我自己编写的文字——一篇旧石器时代的孩子写的日记。这里也需要先征得素食主义小朋友的谅解。

今天爸爸拿着一把斧头回洞里，这把握在手里的斧头是用一块大石头打制而成的。人们手握斧头追赶猎物，一只像野猪一样的家伙差点因为跑得太快而溜掉，但最终还是跌倒在了草丛里。狩猎成功了，我们全都激动地拍起手来，因为这下可以填饱肚子了。手斧还可以帮助我们获得动物的皮，让我们穿上暖和的衣服。真是幸福的一天。

旧石器时代会使用很多的打制石器，其中之一就是斧头。人们用斧头来打猎和获得动物皮。

“如果我生活在旧石器时代会怎么样”，根据上面的文字想象一下吧。想象一下自己追在野猪后面边跑边扔石头的样子，还有一家人哈哈大笑地聚在一起开烤肉派对的场景。如果我们能描绘出这些画面，就可以成为旧石器时代“历史专家”了。

6. 理解法

在所有的记忆方法中，理解法相对是最好的一个。理解了之后就能更轻松地记住知识，并且记忆得也更长久。

例如，我们在课堂上学习了城市和村庄，下面哪两个选项和城市更相符？

❶ 工业产品；❷ 农副产品；❸ 自然环境；❹ 文化设施。

答案是工业产品和文化设施。有的小朋友可以很轻松地回答正确，但有的小朋友会觉得很难。为什么会觉得难？因为不理解单词的含义。

工业产品是什么？工业产品是工厂或者公司制造出来的东西。在哪里有很多的工厂或者公司呢？城市里。文化设施是什么？请想一想电影院。人烟稀少的地方很少有电影院，电影院一般建在人口密集的地方，那就更适合在城市建。像这样理解了词语的意思，问题就容易解决了。

首字背诵法实战篇

下面我们来谈谈前面提到的秦始皇的功绩。是不是内容太多，很难记住？事实上，连很多大学生也很容易混淆这些功绩，而这正是因为没有理解。我会用通俗易懂的方式来进行解释。

小篆是秦朝时在全国推广的通用文字。“篆”原来的意思是在竹片上书写，后来用来表示一种书写字体。秦朝在统一全国之前用的字体叫“大篆”，统一全国后，丞相李斯将大篆的笔画简化，创造了一种新的字体，为了体现这种字体与大篆的区别与联系，这种字体就叫作“小篆”了。

半两钱是秦朝全国通行的货币。为什么叫半两呢？其实很好理解，因为这种货币的重量是“半”个一“两”。这种铜币表面上还有“半两”的字样。

度量衡是计量长短、容积和轻重的标准的统称。统一了计量用具，全国不同地区才能有一套标准的计算方法，更方便不同地方的人贸易往来。现在中文里的“度量”“量度”“衡量”等词都有测量的意思，可以说大都来源于这些古代计量用具，我们也能用这些现代词语反过来记忆古代的“度量衡”。

灵渠是秦始皇统一全国后派兵开凿的一条渠道，这条渠道连接了湘江和漓江，打通了南北水上通道，为秦王朝统一岭南打下了重要的基础。灵渠又叫“零渠”，一种说法是因为漓江的上游古代称为“零水”，所以连接“零”水的“渠”道就叫零渠了。零渠到唐朝才被改名为“灵渠”。

万里长城是我们都很熟悉的宏伟建筑了，顾名思义，这是一道有“万里”那么“长”的“城”墙。

从上面的实战我们能体会到，即使是很难的词语，我们只要理解了它的意思，就能很轻松地将它装进我们的脑海里。

立竿见影的

6种记忆方法

① 首字背诵法

② 不断地重复

③ 边写边记

④ 把视线从书本移开

⑤ 画图法

⑥ 理解法

Lesson 03

让人混淆的年份，如何才能轻松记忆？

Q. 数字实在太难记了，尤其是关于历史知识的。一些重要的事件，需要记住发生的年份，可每次我刚背完就忘记了。请告诉我如何才能轻松地记住这些年份。

A. 记忆年份的方法有两种。首先是反复地背诵。一边写一边背，或者出声朗读。如果一遍记不住，就反复地背诵，背诵得多了总会刻在我们的脑子里。反复背诵的时候试试把数字反过来背。例如，明朝是1368年建立的。我们就重复默念1368、1368、8631、8631。把数字直接读出来，并且颠倒顺序进行反复默读，可以让我们的记忆更加清晰。

除了不断地重复，还有别的方法。当我们给数字赋予了有趣的含义，背诵起来就会容易很多。我有一个不成熟的独创秘诀想要斗胆分享给大家，我相信你们不会嘲笑我的。

给数字赋上有趣的含义

请大家阅读以下文字，就当是提前了解更高年级的历史课内容了。

首先，秦王朝的建立时间是公元前221年，我们可以用“秦始皇太辛苦了，（前）去按按（22）腰（1）”来记忆。

此外，汉朝与北方匈奴族之间的漠北之战，发生在公元前119年，我们可以用“漠北之战，（前）线激烈，意义（11）久（9）”来记忆。因为这次战役基本结束了汉朝多年来与匈奴的争端，边境的人们能过上和平的日子，可以说是意义久远。

再来看看离我们比较“近”的历史。鸦片战争发生在1840年，只要想着“英（1）国霸（8）道的司令（40）”就可以记住了。鸦片战争的20年后，也就是1860年，正是第二次鸦片战争期间，英国和法国联军入侵北京，放火烧毁了圆明园，这就是“火烧圆明园”事件。

在鸦片战争后的第二年，即1841年，英国军队占领广州城北的炮台，当地人民组织起来，奋力反抗英军，给了英军沉重的打击，这就是三元里抗英事件。此外，1894年发生了中国与日本之间的“甲午中日战争”。次年，也就是1895年，中日双方签订了《马关条约》，并在同年引发了北京的“公车上书”事件（“公车”指入京应试的举人，当时北京上千名举人联合上书光绪帝，请求拒绝与日本议和）。像这样把连续发生的事件放在一起记忆，就会容易得多。

同样在1894年，孙中山成立兴中会（“兴中”也就是“振兴中华”的意思），准备发动革命。1900年，八国联军攻陷了北京城。1905年，孙中山联合兴中会等团体成员成立了一个规模更大的革命政党——中国同盟会。1911年，发生了辛亥革命，这次革命推翻了清王朝的腐败统治，让中国走向了民主与共和。1894年的6年后、再5年后、再6年后都有重要的事件发生，像这样寻找规律也是一种记忆的方法。

让我们再回到更“远”的历史看看吧。在上面说的汉朝灭亡之后，也就是在220年，历史开始进入三国时期。220年，魏国建立。1年后的221年，蜀汉成立。再往后8年，吴国成立。魏与汉年龄相仿，在吴“出生”时已经是能读书识字的小少年了。而在这“三国”里，“去世”最早的也是魏和汉，分别在46岁和43岁灭亡，最年轻的吴国活得最久，在280年才“去世”。像这样把国家看作人，也会对记忆年份有帮助。

建议背诵的中国历史年表	
秦朝建立	公元前221年
汉朝建立	公元前202年（头尾相同，反过来也是一样）
汉朝灭亡，三国两晋南北朝时期开始	220年（后两位数正好与上面年份的后两位数相反）
隋朝建立	581年
隋朝灭亡，唐朝建立	618年（后两位数正好与上面年份的后两位数相反）
宋朝建立	960年
元灭南宋	1271年（首尾数字相同）
元朝灭亡，明朝建立	1368年
明朝灭亡，清朝入关	1644年（四四十六）
鸦片战争开始	1840年
第二次鸦片战争结束	1860年（1840年后面加上20年）
甲午中日战争	1894年

漠北之战，（前）线
激烈，意义久
答案是公元前
119年！
喔！
1
2
3
4
漠北之战发生在
什么时候？

数字为什么难记？那是因为数字是抽象的概念。所谓抽象指的是我们摸不到、看不到，也感觉不到的意思。我们能摸到3个硬币，却摸不到3。可以看到10个人，却看不到10。像3和10这样的数字，既没有实体也没有气味和重量。因此说数字是抽象的，当我们想起抽象的数字时，就像陷在迷雾中一样头脑不清晰。

想要记住这些让人容易混淆的年份，主要有两种方法：不断地重复和赋予意义。其中赋予意义是种有趣的方法，给数字赋予意义，就像是往透明人一样的数字身上撒上面粉，让它显示出实体。请大家发挥自己的想象力，给数字赋上有趣的含义，然后和朋友们一起分享吧。这样就能更加轻松地记住年份啦。

Lesson 04

请告诉我 轻松理解难点的方法

Q. 二年级的课本还挺简单的，但现在不一样了，课本越来越难，太折磨人了。我该怎么对付这些难懂的知识？有没有能够轻松理解难点的方法？

A. 没错。课本的内容会一年比一年深入，晦涩难懂，这是每一个小朋友都要面对的现实，怎么办呢？

要如何才能用最简单的方法去理解难懂的课本？虽然大家会觉得有点烦，但我们不能不提出最基本的一点。最重要的还是要认真听老师讲课，然后静下心来阅读课本上的内容。你会觉得我是在说空话，而感到很失望吗？别着急，现在我们进入正题。我这就告诉大家能让我们理解力大爆发的三个秘诀。

1. 想想例子，就能变得简单很多

第一个方法是“想想例子”。我们会在课本中遇到很多陌生的词语，每当我们学习一个新的词语时，就想想能举出什么例子，这样可以自然地加深理解。

例如，语文课本中经常出现“中心人物”这个词。“中心人物”是指在某个事件中处于中心的人物，看到这样的解释，小朋友们大致有两种反应。

❶ 是事件中处于中心的人物，简单。

❷ 是事件中处于中心的人物，就像彼得·潘或者灰姑娘一样，而且我就是我自己人生的中心人物。

理解为❶的小朋友，到了“原来如此”就停止了思考。但是理解为❷的小朋友，还想到了例子，举出了彼得·潘、灰姑娘以及自己是中心人物的例子。

哪一种小朋友更能理解“中心人物”这个词的含义呢？谁能记忆得更长久呢？像❷这样思考的孩子，可以理解得更深、记忆得更长久。

我们在课本中会学习到生产者和消费者的概念。生产者是指制作物品的人，而消费者是使用物品的人。小朋友们听到这样的解释，会怎么想呢？

❶ 原来生产者是生产物品的人，消费者是使用物品的人。我知道了。

❷ 生产者是生产物品的人，消费者是使用物品的人？原来如此，那面包店老板是生产者，我是消费者。还有，弟弟是微笑生产者，爸爸是唠叨生产者，妈妈唱歌的时候是噪音生产者……那我岂不就是唠叨消费者、噪音消费者？

能像❷这样思考的小朋友非常了不起。举出了例子，弄清了生产者和消费者的含义，这真的很棒。像这样可以想出例子的小朋友，能够更快速、更轻松地理解书上的内容。

2. 想想自己的经历

提高理解力的第二个秘诀是“想想自己的经历”，就是把我们在学校里学到的内容和自己的经验联系起来。

例如，在语文课上，我们学习了“礼尚往来”这个成语。大家想想看，自己有和这个成语内容相符的经历吗？

❶ 称赞朋友“你今天真漂亮”，朋友也对你说“你今天好可爱”。

❷ 我对妈妈说“妈妈，你很漂亮”，妈妈笑着对我说“今天可以不去补习班了”。可惜是在昨天晚上做梦的时候。

两个例子都很好。把学习的成语和自己的真实经历联系在一起，就能更好地理解语言的含义。

我们再来举个例子。课本里会出现“价值观”的概念。价值观是我们认为什么东西重要所做出的判断。我们判断什么东西重要、什么东西不重要，靠的就是价值观。但是仅靠这样浅显的解释，很难真正地理解它的含义。这种时候，可以试着联系一下我们的亲身经历。

虽然价值观这个词语有点难，但只要和生活中的经验联系起来，就能轻松地理解它的含义。

3. 把知识带入生活中

有的小朋友只要一合上课本，就把学的知识忘得一干二净。或者一放学回家，当天学的内容就扔回了学校。不要这样，让我们把学到的知识带到生活中来。这是帮助我们理解课本内容的第三个秘诀。

例如，今天的数学课上学习了容量的单位，毫升（mL）和升（L），不久前学习了重量单位克（g），那就让我们想想生活中是如何使用这些单位的。

打开冰箱拿出一盒牛奶，或者一瓶果汁、矿泉水，从包装上就可以看见是多少毫升的，再看看可乐瓶子上标注的是毫升还是升，面包或者饼干的外包装上标注的是毫升还是克，这样就能更好地理解“容量和重量”的概念了。

这次，假设我们在课堂上学习了“自我反省”一词。反省指的是对自身的思考。也就是说，自我反省是指反省自己在道德或行为上是否正确。这是个对于大人来说也有些晦涩的概念，但如果我们把它联系到生活中，就容易理解多了。比如，我们可以这么说：

“爸爸妈妈，我有话想对你们说。妈妈，我觉得我们家需要反省，我们制造的垃圾太多了。还有爸爸，想想你吃饭的时候老爱吧唧嘴的习惯，请反省并改正。”

还可以这样去声明：

“哥哥你需要进行自我反省，你的问题是太贪心了。电视新闻里的坏人也都要进行自我反省。我要成为一个正直的人。”

这样的声明是不是很酷。即使是像“自我反省”这样很难的词语，只要我们在生活中使用一两遍，就可以很轻松地理解它们。

Lesson 05

总是遇到不认识的词语怎么办？

Q. 有件事情我觉得很奇怪，到现在我也没弄明白。读书的时候经常会遇到一些看不懂的词语，这时候该怎么办呢？有的朋友告诉我，每当遇到不认识的词就要查词典或者问爸爸妈妈。他说得好像很对，但是如果这么做的话，阅读的节奏就会被打乱。我到底应该怎么做才好？

A. 这确实是个很重要的问题。书里面全都是词语，我们的学习也是从学习词语开始的，因此理解词语很重要。但是，书里会遇到很多我们看不懂的词语，就像一个个谜语一样。光是看小学课本，就会发现里面有很多连大人都很难解释清楚的词语。我们每次遇到不明白的词语都要查词典吗？并不是的。有两种办法可以解决这个问题，它们分别是“在文章中理解”和“在文章外寻找含义”。

1. 在文章中理解

首先，让我们听一段爱情告白现场的奇怪对话。

罗密欧

“我永远爱你，你就像是夜空中的星云一样美丽。”

朱丽叶

“谢谢你的爱，但请先等一下，我得找词典查查‘星云’是什么意思。”

没有人会像这个朱丽叶这样在听到别人告白的时候破坏气氛。当然，“星云”这个词确实是有些难，它指的是由气体和尘埃组成的云雾状天体，很多大人也未必知道它的准确含义。但这种情况下并没有必要知道它的准确意思，只要能猜到“星云很漂亮，很美好”就可以了。我们读一下罗密欧的话，就可以很容易推测出这层意思。这样，就不需要翻词典，也不会破坏掉对话的气氛了。

下面让我们读一段关于小熊维尼饿肚子的内容。这段文字大家在其他的书里是读不到的，因为这是我自己编的。

小熊维尼一个下午没吃任何东西了，此刻它饿得头晕眼花，快要晕倒了。当维尼看到朋友带来的蜂蜜，它

迫不及待地扑了上去。

“迫不及待”指的是非常迫切地想要做某事。虽然这个成语并不简单，但即使不知道这个成语的确切含义，我们也不难理解整个句子的意思。并不一定非得停下来查词典，只要我们把词语放到文章中，就可以轻松地推测出它的意思了。

2. 在文章外寻找含义

阅读中，有时也需要我们在文章之外才能寻找到含义。请看下面一段话。

有个公司借助全面的信息化管理手段，整合全球供应链资源，创造了制造企业的一个奇迹——产品零库存。当被问到获得如此成功的原因时，该公司负责人说：“我们主张产品零库存，同时主张成功零库存。”

最后一句话是不是理解起来要动一下脑筋？我们能猜到“产品零库存”这个词的意思，但“成功零库存”就要动动脑筋来理解了。这时候就需要在文章之外寻找含义。可以查找词典或者向老师寻求帮助。

虽然不同的人对这句话有不同的理解，但我们可以这样认为：“产品零库存”是指所有的产品全部卖完，没有积压，那么“成功零库存”就是指不停留在过去的光环中，而是不断地创造新的成功，忘记过去的荣耀，不断迎接新的挑战。明白了“零库存”的含义后，我们再重新阅读上面的句子，理解起来就会变得容易多了。

3．遇到不懂的生词查词典

下面让我们提前来简单地看一下更高年级历史课上学的内容。

班超克服重重困难，使西域各国重新与汉朝建立了联系。他得到了西域各国的信任，长期留守西域。班超在西域期间，还派甘英出使大秦。甘英到达安息后受阻，未能继续前行，但此行开辟了通往西亚的路线。

大家读明白了吗？是不是卡在了“西域”“大秦”“安

息”和“西亚”这几个词上？当我们很难从文章中推测出词语的意思时，我们可以暂停阅读，通过查词典的方式来查询一下词语的意思。

这段话中的“西域”一般指玉门关、阳关以西，帕米尔高原以东的天山南北地区，大致相当于今天的新疆地区，因为这个地方在当时王朝统治地区西边的领域里，故称“西域”。“大秦”指当时的罗马帝国，“安息”则指当时的帕提亚帝国，“西亚”就是亚洲西部的意思。也就是说，从汉朝都城往西走，到达西域；再往西穿过亚洲中部，是位于西亚的安息帝国；再更西边的地方才是遥远的罗马帝国。

知道了这些词语的意思后，再去读上面那段话就能理解得更轻松了。如果嫌麻烦而不去查“西域”“大秦”“安息”“西亚”这些词语，以后的历史学习就会越来越困难。因此，对于重要的词语，我们一定要掌握它们的意思。

我们来总结一下顺序。当我们遇到不明白的词语时，原则是不要停，继续读下去，因为很多时候我们都能根据文章的内容推测出词语的意思，这是第一种方法。但如果遇到的生词很难推测出它的含义，那就没办法了。这种情况可以先停下来，去文章之外找找词语的意思，把生词弄清楚后再来阅读文章就会容易很多，这是第二种方法。如果遇到的生词很难理解，也要停下来，通过查词典的方式来弄懂生词的含义，这样才能更好地理解文章。

有不明白的词语吗？

没有 → 恭喜你！请快乐地阅读吧！

有 ↓

能理解重要词语的意思吗？

不能 → 可以继续阅读，也可以停下来查词典。明白了生词的含义，能更好地理解文章。

能 ↓

读完文章后，查找生词的意思。

Lesson 06

抓不住学习的重点怎么办？

Q. 我很难过，我总是分不清哪些内容重要，哪些内容不重要。我并不讨厌学习，读书的时候总是全神贯注地，上课的时候也会认真听讲。但我无法分辨出学习的重点，在我看来所有内容都很重要，但总不能把课本的内容全都背下来吧？有没有什么方法可以帮我学会分辨学习重点？

A. 我们的课本和比萨盒不一样。我们打开比萨盒子，里面的每一块比萨美味程度差不多。但是课本里每部分内容的重要程度是不同的，有的部分很重要，有的部分没那么重要。怎样才能找出重要的部分呢？我这里有三个非常简单的方法分享给你。

1. 注意老师的提示

老师讲的话里会有提示。当老师提到"这个很重要"或者"要记住这个"时，需要我们留意并且把它记住。老师的话就像是装满提示的锦囊。"可不能漏掉这个，否则就太可惜了，就像错过了美味的比萨饼。"这样想想看，就能把它记住了。

2. 标题会告诉我们什么重要

课本中有章节标题、单元标题、文章标题等。有些标题会告诉大家最重要的内容是什么。我们之前提到过数学、语文等所有的课程都需要通过浏览标题来了解整体的结构。同样的，标题不仅能体现文章的结构，还能告诉我们哪些内容是重点。

我们来举个例子，请阅读下面这篇关于神奇的自然现象的文章，这是美国国会图书馆网站上的文章《动物从天而降？》（*Can it rain frogs, fish, and other objects?*）中的一部分译文。

青蛙雨的真相

从古代文明开始，就有青蛙和鱼如下雨般从天而降的记录。龙卷风、飓风这样的强风可以依靠强大的风力将动物、人、树木、房子等卷入空中。强风吸起青蛙和鱼，再到另一个地方将它们像下雨一样地降下来，这是可能会真实发生的事情。

很久以前就有下青蛙雨的记录。上面的文章对下青蛙雨的真相进行了科学的解释。就像文章标题中提到的，本篇文章的重点在于青蛙雨的说法是真是假。

龙卷风的威力有多强?

从古代文明开始，就有青蛙和鱼如下雨般从天而降的记录。龙卷风、飓风这样的强风可以依靠强大的风力将动物、人、树木、房子等卷入空中。强风吸起青蛙和鱼，再到另一个地方将它们像下雨一样地降下来，这是可能会真实发生的事情。

内容相同仅文章标题不同的第二段文字重点是什么呢？

标题变了，文章想表达的意思也就改变了，变成了一段描写龙卷风强大威力的文章。龙卷风成了最重要的内容，青蛙雨则成了没那么重要的配角。是什么引起了这样的变化？正是文章的标题变了。标题就是如此的重要，阅读标题才能了解作者最重视的是什么。

文章的标题是一个重要的提示，可以告诉我们什么是文章的重点。

3. 注意连词

找到重点的第三个方法是注意连词。尤其不要错过“但是”“然而”“像这样”等这几个连词，这些词的后面大概率会出现重要的内容；此类连词还有“因此”和“综上所述”等。

我们先来看看“但是”，请比较下面的两个句子。

❶ **我喜欢你，而且……**

❷ **我喜欢你，但是……**

我们马上可以感觉到❷“但是”之后会有更重要的话要说，“而且”则不然。举例说明的话，就像这样：

❶ 我喜欢你，而且很尊敬你。

❷ 我喜欢你，但是并不爱你。

大多数情况下“而且”后面不会有太重要的内容出现。而“但是”“不过”“然而”的后面则通常会出现令人吃惊或者重要的内容。记住了这类词汇的特殊情况，就可以轻松地找到重点部分。

我们再来举个例子，比如科普读物里有这样一段文字：

像鹿这样的食草动物以草为生，肉食动物狮子用其他的动物来果腹。此外，人类等杂食动物，动植物都吃。然而，植物不吃任何东西，大部分植物都靠自己制造营养。

上面的文章中有“此外”和“然而”，我们可以很快地判断出“然而”后面的内容是最重要的。“然而”和“但是”是同样的意思，都在释放信号告诉我们，接下来要讲的内容会很重要哦。

让我们再看个另外的例子。

水的形状是可以变化的。杯子里的水和碗里的水形状不同。根据容器的形状不同，水的形状也会发生变化。但是即使水的形状改变了，它的体积仍不会变。无论装在何种容器中，一升水永远是一升水。像这样虽然形状发生了变化，体积仍保持不变的物质叫作液体。

“但是”的后面会出现重要的内容，但我们还需注意“像这样”。因为这之后很有可能会得出最重要的结论。上面这段文字中最重要的内容就是液体的含义，因此需要我们牢牢记住的部分是“虽然形状发生了变化，体积仍保持不变的物质叫作液体”这一句。

我们来梳理一下。“而且”的后边会连接相似的内容，“但是”和“然而”后面通常会连接相反的重要内容，需要我们加以注意。此外，“像这样”“因此”“综上所述”等后面往往会引出最重要的结论。只要我们留心这些连词，就可以轻松地找出文章重点。

最后，我要讲一件最基本的事情。为什么我们要分辨出重要的部分和非重要的部分？正是为了降低学习的难度。为了让学习变得轻松，所以要判断学习内容的重要程度。没有哪本书里所有的内容都同样重要，肯定会有某一部分比其他部分更重要。我们只要找出重要的部分来加深记忆就可以了。

这就像是去面包店一样。如果要把所有的面包都买回去吃完，会非常的痛苦吧？我们需要挑选出自己觉得好吃的面包买回来。读书的时候也要准确地找出重点知识，这样，学习的辛苦程度也会减少很多。

我喜欢吃海鲜！而且我觉得虾、鱿鱼、蛤蜊都很好吃。所以我喜欢吃虾。但是我喜欢吃蔬菜，因为不喜欢吃炸鸡。嘿嘿，是不是有点乱七八糟的？对不起。
我喜欢吃海鲜。像是虾、鱿鱼和蛤蜊都很好吃。其中我最喜欢的是虾。此外，我也喜欢吃蔬菜，但我不喜欢吃炸鸡。
应该这样修改吧！

Lesson 07

拆解文章后才能知道的秘密

Q. 校长，您之前说连词是找到重要内容的提示。但我有个问题，有很多文章里并没有连词，这种情况该如何找到重点内容呢？

A. 这可是个敏锐的发现。很多时候一段话里是没有连词的，如果文章里找不到“而且”“但是”“因此”这些词语，我们就需要使用别的方法——拆解文章。拆解的意思是把整体拆成部分，就像小朋友拆分小手表或者玩具一样（妈妈可能为此而生气）。拆解文章也并不难，把文章分成几个部分再进行比较，这样很快就能判断出哪个部分更重要了。

我们先来看看某个很疲倦的小朋友写的话：

我实在太累了，累得快要学不动了。我刚才就像河马一样张着嘴巴直打哈欠，眼皮也不受控制地合了起来。

这个文段可以分为三个部分。

❶ **我因为太累所以不能学习了。**

❷ **我打哈欠了。**

❸ **我的眼睛闭上了。**

以上三点中，对于说话的小朋友来说最重要的是什么？请大家比较一下❶ ❷ ❸的重要程度。哪一点最重要？❷打哈欠或者❸闭眼睛最重要？还是❶因为太累没法学习更重要？我们比较一下就能知道❶才是最重要的。

接下来，我们来读一位魔法师小朋友写的日记：

上个星期我成功地把钟表变成了兔子，昨天还把电脑变成了小狗。偷偷告诉你，我最近正在学习魔法。

我们把文段拆解开来看看。

❶ 我把钟表变成了兔子。
❷ 我把电脑变成了小狗。
❸ 我最近在学习魔法。

我们把文段拆分成了三个部分，哪一个部分是最重要的呢？可能文段的作者会觉得❸最重要，他想要告诉大家自己在学习魔法这个秘密。而❶和❷是举的例子，相对没有那么重要。

但如果我们做一些补充，重要的内容就会发生变化。接下来是变身成猪的故事。

上星期我成功地把钟表变成了兔子，昨天还把电脑变成了小狗。偷偷告诉你，我最近正在学习魔法。但这并不简单。今天我想把贪心的哥哥变成猪，但却失败了。头还是哥哥的头，只有身体变成了猪。猪的身上居然长了哥哥的头，太让人失望了，我的魔法学习还有很长的路要走。

这位魔法师小朋友想要说什么？最重要的是哪部分？如果不清楚的话，就需要把文段拆解开。

❶ 我把钟表变成了兔子。
❷ 我把电脑变成了小狗。

❸ 我最近在学习魔法。

❹ 我想把哥哥变成猪，但失败了。

❺ 我还要继续学习魔法。

上面的五个部分对作者来说最重要的是什么？读者没法完全了解作者的心理。但我们还是可以猜猜看。不是❹就是❺。虽然不同的读者会有不同的选择，但我认为最重要的是❺。魔法实力不足是文段的中心内容，而将哥哥变成猪失败可以看作是为了支撑中心内容。

我们再添加一段来完成整篇文章。

上个星期我成功地把钟表变成了兔子，昨天还把电脑变成了小狗。偷偷告诉你，我最近正在学习魔法。但这并不简单。今天我想把贪心的哥哥变成猪，但却失败了。脸还是哥哥的脸，只有身体变成了猪。猪的身上居然长了哥哥的脸，太让人失望了，我的魔法学习还有很长的路要走。

我闭上眼睛想要集中精力努力练习魔法，这时有人摇了摇我。我抬头一看，是本该变成猪的哥哥。啊，我吓了一大跳，差点跌倒。因为摇晃我肩膀的并不是只猪蹄，而是只人手。哥哥用不耐烦的声音对我说：

“睡个午觉还睡得这么死？点的猪蹄外卖来了，快起来吃。”

意思完全反转了。这整个故事由七个部分构成：

1. **我把钟表变成了兔子。**
2. **我把电脑变成了小狗。**
3. **我最近在学习魔法。**
4. **我想把哥哥变成猪，但失败了。**
5. **我还要继续学习魔法。**
6. **我做了个成为魔法师的梦。**
7. **哥哥把我摇醒了。**

最重要的部分应该是❻。文章的中心内容和核心是：这是一场梦。这就像是树的树干一样。当然其他六个部分也很重要，但都比不上❻。

我们来梳理一下。想要找到文章的重点，需要有三个步骤：第一，把文章拆解成一个个部分；第二，比较哪个部分更重要；第三，选出最重要的部分。

下面是一个拥有丰富科学知识的孩子写的文章，请作为附录阅读并进行拆解。

据说太阳表面的温度接近6000摄氏度。烧开的水只有100摄氏度，熔化铁的熔炉约有1600摄氏度。太阳的热是难以想象的。

但有一件事情是我们不知道的。我们生活的地球也比想象中的要热。虽然地球表面温度宜人，但地球中心（地核）的温度超过了5000摄氏度，堪比太阳表面的温度。也许有一天人们会利用地球中心的热量作为能源。如果有一天我成了科学家，这是我要实现的梦想。

文章的作者小朋友的核心主张是什么？文章中最重要的内容是什么？我们把整篇文章拆解开来看看。

1. **太阳的表面温度接近6000摄氏度。**
2. **熔化铁的熔炉的温度约是1600摄氏度。**
3. **地球中心的温度超过5000摄氏度。**
4. **利用地球中心的热量作为能源是我的梦想。**

虽然其他部分也很重要，但文章最重要的是④“我的梦想”这个部分。④是文章的中心，其他的是周边内容。换句话说，④是树干，剩下的部分是树枝。把文章拆解开后进行比较，就可以区分出哪些内容更为重要。